Frank Sturms

Die Weiße Rose

Frank Sturms

Die Weiße Rose

Die Geschwister Scholl
und der Studentische Widerstand

marixverlag

Bibliografische Information der Deutschen Nationalbibliothek
Die Deutsche Nationalbibliothek verzeichnet diese Publikation in der
Deutschen Nationalbibliografie; detaillierte bibliografische Daten sind im
Internet über
http://dnb.d-nb.de abrufbar.

© by marixverlag GmbH, Wiesbaden 2013
Lektorat: Dr. Lenelotte Möller, Speyer
Covergestaltung:Nicole Ehlers, marixverlag GmbH
Bildnachweis: akg-images GmbH, Berlin
Satz und Bearbeitung: Medienservice Martin Feiß, Burgwitz
Gesetzt in der Adobe Jenson Pro
Gesamtherstellung:
CPI books GmbH, Ulm
Printed in Germany

ISBN: 978-3-86539-314-2

www.marixverlag.de

Inhalt

Vorwort

Am 22. Februar 1943 jährt sich die Hinrichtung der Geschwister Hans und Sophie Scholl und ihres Freundes Christoph Probst zum siebzigsten Mal.

Sie hatten zusammen mit weiteren Freunden einen Widerstandskreis gebildet, der unter dem Namen „Weiße Rose" weltbekannt werden sollte.

Die Aktionen der „Weißen Rose" stehen für den studentischen Widerstand gegen die nationalsozialistische Terrorherrschaft.

Mit ihren Flugblättern setzten die Widerstandskämpfer um Hans Scholl ein Zeichen der Wahrhaftigkeit in einer Zeit der Lügen.

In diesem Buch sollen die Menschen hinter dem Mythos „Weiße Rose" lebendig werden, es erzählt von ihren Hoffnungen, Kämpfen und Zweifeln, die sie letztlich dazu gebracht haben, zum Widerstand gegen das Hitlerregime aufzurufen.

Dazu soll ihre Lebenswelt dargestellt werden und die Zeitumstände, in denen sie ihren ungleichen Kampf aufgenommen haben.

Diese Geschichte muss im Licht neuer Erkenntnisse immer wieder neu erzählt werden, damit dieses großartige

Beispiel für Humanität in einer unmenschlichen Zeit nicht in Vergessenheit gerät.

Angesichts eines immer wieder neu aufflackernden Neonazismus, der, wie das Beispiel der Zwickauer Terrorzelle NSU zeigt, weiterhin mordend durch das Land zieht, muss es auch heute noch wie im vierten Flugblatt der Gruppe heißen:

„Wir schweigen nicht, wir sind Euer böses Gewissen; die Weiße Rose läßt Euch keine Ruhe!"

Weihnachten 2012   Frank Sturms

Die Katastrophe

Zu Beginn des Jahres 1943 nahm die Nervosität innerhalb der Polizeibehörden Münchens stetig weiter zu. Seit dem Sommer des letzten Jahres waren in der Stadt immer wieder Flugblätter erschienen, die zum Sturz des NS-Regimes aufriefen. Sie waren von einer bislang unbekannten Widerstandsgruppe unterzeichnet, die sich „Weiße Rose" nannte.

Und diese Flugblätter verbreiteten sich schnell. Immer wieder liefen Meldungen bei der Münchener Geheimen Staatspolizei ein, dass auch in anderen Städten Süddeutschlands und in Österreich diese Flugblätter bei den Polizeibehörden abgegeben worden waren; einmal sogar in Hamburg.

Am 4. Februar 1943 starteten die Polizeibehörden eine Großfahndung. Beteiligt waren die Münchener Gestapo, aber auch Kriminal- und Ordnungspolizei. Der Polizeichef, Oberregierungsrat Schäfer, beauftragte zwischen dem 5. und 11. Februar 1943[1] den erfahrenen Kriminalbeamten Robert Mohr damit, den oder die Urheber

---

1   Sönke Zankel: Die Weiße Rose war nur der Anfang. Köln 2006, S. 122 f.; zit. als Zankel.

schnell und möglichst diskret ausfindig zu machen. Mohr sollte „diese Affäre zu Ende bringen".[2]

Inhaber von Hotels, Gaststätten und anderen öffentlichen Einrichtungen wurden zur Mitarbeit aufgefordert. Die Spezialisten der neu eingerichteten Gestapo-Sonderkommission fanden schnell heraus, dass alle Flugblätter auf derselben Schreibmaschine geschrieben wurden und in Massen mit der Post in andere Städte verschickt worden waren. Die Empfänger waren augenscheinlich nach dem Zufallsprinzip ausgewählt worden. Die Versender hofften offenbar, dass manche ihrer Flugblätter bei Regimegegnern landen würden, die dann für die weitere Verbreitung sorgen würden.

Weil sich die Postsendungen größtenteils an Akademiker richteten, gingen die Ermittler davon aus, dass sich die Versender im Umfeld der Münchener Universität befinden mussten.

Die Münchener Universität befand sich schon seit einigen Wochen in Aufruhr. Am 13. Januar 1943 hatte der bayerische Gauleiter Paul Giesler in einer rüpelhaften Festrede zur 470-Jahr-Feier der Ludwig-Maximilians-Universität besonders die Studentinnen beleidigt. Er forderte sie auf, doch lieber „dem Führer ein Kind zu schenken", statt an der Universität zu lernen. Den „weniger Hübschen" versprach er zynisch, seine Adjutanten vorbei zu schicken, um ihnen „ein erfreuliches Erlebnis"[3] zu bereiten.

Die Studenten waren gezwungen worden, sich diese Suada anzuhören. Sie mussten in den Festsaal kommen,

---

2   A. E. Dumbach/J. Newborn: Die Geschichte der Weißen Rose. Freiburg im Breisgau 1994, S.184; zit. als Dumbach/Newborn.

3   Harald Steffahn: Die Weiße Rose. Reinbek bei Hamburg 1992. S. 100; zit. als Steffahn.

um einen Stempel in ihrem Studentenausweis zu erhalten. Ohne diesen Stempel sollte man im kommenden Semester nicht weiterstudieren dürfen.

Als die Studentinnen daraufhin erbost den Festsaal verließen, wurden sie an den Ausgängen von SA und Polizeikräften in Empfang genommen, die versuchten, die jungen Frauen in Gewahrsam zu nehmen. Ein Teil von ihnen wurde aber kurz darauf von ihren Kommilitonen, die fast alle Soldaten waren und deshalb der in diesem Falle liberaleren Militärgerichtsbarkeit unterstanden, in einer Art Kommandounternehmung befreit. Der Rest wurde zur Gestapo-Zentrale gebracht. Dort wurden ihre Personalien aufgenommen. Sonst geschah ihnen nichts und kurze Zeit später ließ man sie wieder laufen. Durch diese Aktion hatten die Polizeibehörden einen großen Bestand persönlicher Daten von potentiell regimekritischen Frauen erhalten.

Nach diesem Skandal, der nur mühsam von der gleichgeschalteten Presse unterdrückt werden konnte, wurden an drei folgenden Nächten in München Mauern und Wände mit der Parole „Nieder mit Hitler!" beschrieben. Die gleichen Täter schrieben außerdem mit großen Lettern „Freiheit!" an die Münchener Universität.

Ein Regime, das zwar permanent von Freiheit redete, aber jede Opposition unterdrückte, und das sogar den von ihm initiierten Eroberungskrieg „Großdeutschen Freiheitskampf" nannte, konnte diesen Gebrauch des Wortes „Freiheit" nicht dulden. Ab dem 9. Februar 1943 wurde die Münchener Universität von der Gestapo beobachtet. Außerdem beauftragte die Sonderkommission den regimetreuen Münchener Altphilologen Prof. Harder mit einer sprachwissenschaftlichen Analyse der ihnen vorliegenden Pamphlete. Harder sollte als eine Art Profiler ein Persönlichkeitsbild des mysteriösen Verfassers erstellen. An diesem Vorgehen kann man erkennen, wie wichtig es für die NS-Behörden war, den oder die Urheber der Flugschriften zu fassen. Der Leiter der Gestapo-Sonderkommission, Robert Mohr, sagte nach dem Krieg aus, dass die Flugblattaktion in „höchsten Stellen von Staat und Partei Beunruhigung und Aufsehen"[4] hervorgerufen hatte. Ein Regime, das die Welt dominieren wollte, hatte Angst vor ein paar regimekritischen Flugblättern.

Am 18. Februar 1943, gegen 10:30 Uhr, betrat der 24-jährige Sanitäts-Feldwebel Hans Scholl den Lichthof der Münchner Universität. Er war für die Dauer des Semesters zum Studium freigestellt worden, um sich auf seine Examina vorzubereiten. Ihn begleitete seine 21-jährige Schwester Sophie, die in München Biologie und Philosophie studierte. Sie hatten in einem Koffer die von der Polizei gesuchten regimekritischen Flugblätter dabei, die sie für die Vorlesungspause auslegen wollten.

Hans Scholl war der Kopf einer Widerstandsgruppe, die ihre ersten Flugblätter mit „Weiße Rose" unterzeichnet hatte. Zusammen mit seinem Freund, dem Medizinstudenten und Sanitäts-Feldwebel Alexander Schmorell, hatte er die ersten Flugblätter der Gruppe geschrieben, vervielfältigt und verteilt. Zu ihrer Gruppe stießen im Laufe des Jahres 1942 noch Willi Graf, ebenfalls Medizinstudent und Soldat, und der Philosophieprofessor Kurt Huber. Und noch ein weiterer Medizinstudent, Christoph Probst, der ein enger Freund Alexander

---

4   Michael C. Schneider/Winfried Süß: Keine Volksgenossen. Der Widerstand der Weißen Rose. München 1993, S. 33; zit. als Schneider/Süß.

Schmorells war, schloss sich dem Kreis an. Da er aber bereits verheiratet war und seine Frau das dritte Kind erwartete, versuchten die Freunde, ihn zu schützen. Er sollte möglichst wenig über die gefährlichen Aktivitäten der anderen erfahren. Außerdem diente er nicht in München, sondern in Innsbruck. Dort war er ebenfalls Sanitätssoldat, allerdings bei der Luftwaffe. Seit dem Sommer 1942 wusste auch Sophie Scholl Bescheid über das illegale und lebensgefährliche Engagement ihres Bruders. Er hatte seine Widerstandsarbeit nicht mehr vor seiner Schwester verbergen können. Da sie den Krieg und den Nationalsozialismus hasste, war es für sie keine Frage, ihren Bruder bei seinem Kampf zu unterstützen.

Die ersten Flugblätter wandten sich mit ihrem gelehrt wirkenden, apokalyptischen Stil direkt an junge Intellektuelle. Deshalb war ihre Wirkung größtenteils nur auf ein akademisches Umfeld beschränkt.

Auf Anregung von Prof. Huber sollten sich die weiteren Flugblätter an größere Kreise wenden. So war das fünfte Flugblatt mit einem „Aufruf an alle Deutsche!" überschrieben und im Namen der „Widerstandsbewegung" verfasst. Das sechste Flugblatt, das Hans und Sophie Scholl an diesem Morgen auslegen wollten, richtete sich nach dem Skandal an der Hochschule an ihre „Kommilitonen! Kommilitoninnen!".

Gleich zu Beginn wird darin in flammenden Sätzen an den Untergang der 6. Armee in Stalingrad erinnert, für den Hitler verantwortlich gemacht wurde: „Führer, wir danken dir!", heißt es dazu bitter.

Und in der Tat, die Vernichtung der 6. Armee bedeutete einen weiteren schweren Schlag für die deutsche Kriegsführung. Der verlustreiche Russland-Feldzug der letzten beiden Jahre hatte die Kräfte der Wehrmacht erschöpft. Ein Sieg rückte in immer weitere Ferne. Die verheerenden Nachrichten aus Russland erinnerten manchen geschichtsbewussten Zeitgenossen an Napoleons fatalen Marsch auf Moskau.

Bis zu dieser Schlacht hatte eine Pattsituation auf dem europäischen Kriegsschauplatz geherrscht. Das „Dritte Reich" hatte im Sommer 1941 die Sowjetunion überfallen. Im Winter war die deutsche Offensive vor Moskau zusammengebrochen. Nur unter großen Mühen war es der deutschen Armeeführung gelungen, die Front zu stabilisieren und die im Sommer eroberten Gebiete zu halten. Im Folgejahr richtete sich das Augenmerk des Oberkommandos der Wehrmacht (OKW) auf den Süden der Sowjetunion. Die deutschen Truppen sollten über den Don und die Wolga bis in die Industriemetropole Stalingrad und weiter in den Kaukasus vorstoßen, um die russischen Ölfelder zu besetzen und die sowjetische Kriegsmaschine von ihrer Rohstoffbasis abzuschneiden (Fall Blau).

Stalingrad, an der Wolga gelegen, sollte zum Symbol des Sieges über den Bolschewismus werden. Die 500 000-Einwohner-Stadt war ein Zentrum der sowjetischen Schwerindustrie, etwa 20 % der russischen Panzer, vor allem das gefürchtete Modell T-34, wurden in ihrem berühmten Traktorenwerk hergestellt.

Am 23. August 1942 begann die 6. Armee, eine hervorragend ausgestattete Elitetruppe,[5] mit dem Angriff auf Stalins Stadt. Ein mehrere Tage andauerndes Artillerie-

---

5   Hitler hatte einmal gesagt, mit der 6. Armee könnte er den Himmel erobern.

Bombardement und schwere deutsch-italienische Luftangriffe zerstörten sie fast vollständig. 40 000 Einwohner starben.

In den Wochen zuvor hatte Stalin seine berüchtigte „Direktive 227" herausgegeben: Kein Meter sowjetischen Bodens sollte den faschistischen Eindringlingen mehr überlassen werden. Um der Direktive Wirkung zu verleihen, schickte er seinen fähigsten Kommandeur an die Stalingrad-Front: General Wassili Tschuikow übernahm das Kommando über die sowjetische 62. Garde-Armee. Mit dem erfahrenen Armeechef kamen verstärkt Politoffiziere („Kommissare") zu den Einheiten. Die Kommissare sollten durch ihre geschickte Agitation die Moral der Soldaten stärken. Den Politoffizieren folgten NKWD-Staatssicherheits-Einheiten, die hinter der sowjetischen Front jeden Deserteur aufspürten und erschossen. Den Soldaten der Roten Armee blieb damit nichts anderes übrig, als bis zum bitteren Ende zu kämpfen. Stalingrad musste gehalten werden, koste es was es wolle.

Die Rote Armee grub sich in den Trümmern von Stalingrad ein. Unter großen Verlusten gelang es der Wehrmacht, fast 95 % der Stadt zu erobern. Nur ein etwa 150 Meter breiter und mehrere Kilometer langer Uferstreifen konnte von Tschuikows Truppen an der Wolga gehalten werden. Dieser Brückenkopf war für die Rückeroberung Stalingrads von entscheidender Bedeutung, weil die zum Gegenangriff übergehenden sowjetischen Truppen weiterhin über die Wolga versorgt werden konnten.

Am 8. November 1942 verkündete Hitler im Münchener Löwenbräukeller die endgültige Einnahme der Stadt. Der Verkehr auf der Wolga, so prahlte er, sei unterbunden und die sowjetische Wirtschaft sei von wichtigen

Rohstoffquellen abgeschnitten. Doch er hatte zu früh gejubelt.

Am 19. November begann mit der „Operation Uranus" der sowjetische Gegenschlag. Unter Tschuikows Führung griffen 500 000 sowjetische Soldaten an. Sie wurden von mehreren Hundert modernen Panzern unterstützt, die aus den neuen Fabriken jenseits des Urals stammten. Die Wucht des Angriffs überraschte die Deutschen und ihre Verbündeten. Die Wehrmachtsführung hatte geglaubt, dass die Rote Armee ausgeblutet sei und nicht mehr die Kraft zu einer so großen Offensive hätte.

Am 22. November 1942 gelang es den Russen, die gesamte 6. Armee zusammen mit ihren italienischen, rumänischen und ungarischen Verbündeten einzuschließen. Die sowjetischen Generäle hatten die deutsche Taktik der Kesselschlacht übernommen.

Hitler verbot persönlich Armeechef Paulus, den Belagerungsring zu sprengen, als dies noch möglich war. Die 6. Armee sollte sich „einigeln". Luftwaffenchef Hermann Göring hatte Hitler zugesichert, dass er mit seinen Transportflugzeugen die gesamte Armee eine beliebig lange Zeit aus der Luft versorgen könnte.

Doch selbst zu Beginn der Luftbrücke konnten nur etwa 40 % der benötigten Güter eingeflogen werden. Hunderttausende Soldaten litten deshalb im russischen Winter unter Erfrierungen, Hunger und Krankheiten.

Nahrung, Brennstoff und selbst Munition wurden im Kessel immer knapper. Dringend benötigte Panzerabwehrkanonen konnten nicht an umkämpfte Frontabschnitte gebracht werden, weil die zum Transport benötigten Pferde, die man sowieso nicht mehr füttern konnte, von den Soldaten getötet und aufgegessen wurden. Die wenigen deutschen Panzer, die im Kessel verblieben waren, hatten kaum Treibstoff und konnten nur wenige Kilometer weit fahren.

Im Laufe der Zeit nahm die Menge der Güter, die in die zertrümmerte Stadt eingeflogen werden konnten, mehr und mehr ab, weil die sowjetischen Truppen die dem Kessel am nächsten gelegenen Feldflugplätze einnahmen, und die schwerfälligen deutschen Transportflugzeuge immer weitere Strecken zurücklegen mussten, in denen sie verstärkt der sowjetischen Luftabwehr ausgesetzt waren.

Viel zu spät, als die Lage der Eingeschlossenen immer hoffnungsloser wurde, entschloss sich Hitlers Wehrmachtsführung, den Belagerungsring um die Stadt zu durchbrechen. Frische Truppen aus Frankreich, die teilweise mit dem neuen „Tiger"-Panzer ausgerüstet waren, wurden eilig nach Osten verlegt. Doch auch dieser Plan scheiterte. Am 23. Dezember 1942 musste die „Operation Wintergewitter" nach heftigen Kämpfen abgebrochen werden. Die deutschen Panzerspitzen waren nur bis auf 40 km an ihre eingeschlossenen Kameraden im Kessel von Stalingrad heran gekommen.

Dann begann eine weitere Offensive der Sowjets. Es gelang ihnen, den Kessel zu zerteilen und einen Teil von der Luftversorgung abzuschneiden. Den deutschen Soldaten ging die Munition aus; sie verhungerten und erfroren bei Temperaturen bis zu minus 30 Grad. Die Verwundeten konnten in diesem Teil nicht mehr versorgt und ausgeflogen werden. Stalingrad wurde zum Massengrab für die deutschen Soldaten. Ein deutscher Pathologe, der im Kessel die Leichen von deutschen Soldaten stichprobenartig untersuchte, stellte fest, dass etwa die Hälfte der Toten verhungert war. Seine Erkenntnisse durfte er nicht weitermelden. Das Märchen von einer ausreichenden Luftversorgung sollte unter allen Umständen aufrecht erhalten bleiben.

Fritz Hartnagel, der Verlobte von Sophie Scholl, hielt als Oberleutnant bei der Luftwaffe im Kessel aus. Am 17. Januar 1943 schrieb er an seine Verlobte:

„Wir haben sehr schlimme Tage hinter uns. [...] Seit 8 Tagen sind wir bei 30 Grad Kälte im Freien gelegen, ohne eine Möglichkeit uns aufzuwärmen. Mein Btl. [Bataillon F. S.] ist vollkommen aufgerieben. Ich selbst habe beide Hände erfroren, davon 2 Finger mit Erfrierungen 3. Grades."[6]

So wie Hartnagel erging es vielen deutschen Soldaten im Kessel. Doch er hatte Glück. Mit einem der letzten Flugzeuge, das noch in Stalingrad landen konnte, wurde er ausgeflogen. Er kam zur Erstversorgung in ein Lazarett, das sich in der eroberten Ukraine befand. Verwundete Stalingradkämpfer durften das Reichsgebiet nicht betreten. Um die Moral an der Heimatfront nicht zu gefährden, sollte der deutschen Bevölkerung der Anblick von vielen Tausend verwundeten Soldaten aus Stalingrad erspart bleiben.

Das sowjetische Oberkommando bot den deutschen Offizieren am 8. Januar 1943 die ehrenvolle Kapitulation an. So sollte weiteres Blutvergießen vermieden werden. Doch Hitler verbot den Eingeschlossenen, die Waffen zu strecken. Auf die Bitte General Paulus', kapitulieren zu dürfen, antwortete Hitler Ende Januar in einem Telegramm:

---

6   Sophie Scholl/Fritz Hartnagel: Damit wir uns nicht verlieren. Briefwechsel 1937–43. Hrsg. von Thomas Hartnagel, Frankfurt am Main 2005, S. 445; zit. als Hartnagel.

„Verbiete Kapitulation. Die Armee hält ihre Position bis zum letzten Soldaten und zur letzten Patrone und leistet durch ihr heldenhaftes Aushalten einen unvergesslichen Beitrag zum Aufbau einer Abwehrfront und zur Rettung des Abendlandes."[7]

Die 6. Armee sollte im Kessel ausharren und auf diese Weise starke sowjetische Truppen binden, damit der Südabschnitt der deutschen Front für eine erneute Offensive im kommenden Sommer stabilisiert werden konnte.

Mehr noch, in einer Rundfunkrede zum Jahrestag der sogenannten „Machtergreifung" am 30.1.1943 konnten sich die Stalingradkämpfer die Leichenrede auf ihre eigene Armee anhören. Luftwaffenchef Göring musste die Rede halten, weil Hitler sich angesichts der sich abzeichnenden Niederlage nicht mehr traute, öffentlich vor einer großen Menschenmenge zu sprechen. In dieser Ansprache verglich Göring den Endkampf der 6. Armee unter anderem mit dem mythischen Untergang der Nibelungen an Etzels Hof. Er versuchte so, die militärische Katastrophe und sein eigenes Versagen zu einem neuen Heldenepos umzudeuten.

Zur Feier des Jahrestages wurde General Paulus von Hitler zum Feldmarschall befördert. An diese Beförderung war allerdings die Erwartung geknüpft, dass Paulus sich erschießen würde. Die Sowjets sollten keinen deutschen Feldmarschall gefangen nehmen. Ein so hoher Offizier sollte heldenhaft mit seiner ganzen Armee sterben.

Paulus entschied sich anders. Am nächsten Tag kapitulierte er und ließ sich von der Roten Armee in die Gefangenschaft führen.

---

7   Joachim Fest: Hitler. Frankfurt am Main – Berlin 1987, S. 909; zit. als Fest.

Der Nordkessel, der noch sporadisch aus der Luft versorgt werden konnte, gab zwei Tage später auf. Am 3. Februar 1943 wurde die Nachricht vom „heldenhaften Untergang" der 6. Armee im deutschen Rundfunk verlesen. Die Kapitulation wurde nicht erwähnt.

Im Sommer 1942 waren etwa 500 000 deutsche Soldaten nach Südosten aufgebrochen, um Stalingrad einzunehmen und bis zum Kaukasus vorzustoßen. Etwa 230 000 deutsche Soldaten wurden zusammen mit ihren Verbündeten in Stalingrad eingeschlossen. Bis zu 110 000 von ihnen nahm die Rote Armee in Stalingrad gefangen, der größere Teil der Armee war vorher gefallen, verwundet, erfroren, verhungert oder vermisst. Von den Überlebenden der Schlacht um Stalingrad sollten nur 6000 die Heimat wiedersehen. Die Sowjets verloren mehr als eine halbe Million Menschen, darunter ungezählte Zivilisten und sowjetische Kriegsgefangene, die im Kessel verhungerten, weil sie von ihren Bewachern nicht mit Nahrung versorgt wurden.

Nach der Katastrophe von Stalingrad und dem Verlust von mehr als 350 000 Mann im Laufe des Jahres 1942 war die Wehrmacht empfindlich geschwächt.

Im Sommer 1943 versuchte sie mit neu aufgestellten Truppen unter dem Namen „Operation Zitadelle" eine letzte Offensive an der Ostfront. Doch auch dieser Angriff scheiterte. Die große Panzerschlacht bei Kursk musste die Wehrmacht abbrechen, um einer verheerenden Niederlage zu entgehen.

Danach begann der verzweifelte Widerstand der Wehrmacht gegen die immer stärker werdende Rote Armee. Am 22. Juni 1944, dem dritten Jahrestag von Hitlers Überfall auf die Sowjetunion, begann die sowjetische

Großoffensive. Die Heeresgruppe Mitte brach zusammen. In atemberaubender Geschwindigkeit eroberten die sowjetischen Truppen die von Deutschen besetzten Gebiete zurück und stießen gegen das Deutsche Reich vor. Der Abwehrkampf endete schließlich am 8. Mai 1945 vor den Ruinen von Hitlers Reichskanzlei im zerstörten Berlin.

Das Flugblatt der Geschwister Scholl wollte dem Versuch entgegenwirken, das Desaster von Stalingrad propagandistisch auszuschlachten. Die Katastrophe sollte eine Katastrophe genannt werden dürfen.

Nach Ansicht der NS-Machthaber war dieses Verhalten Hochverrat. Die Strafe dafür war der Tod. Den Geschwistern Scholl war klar, dass sie sich durch ihr Tun in Lebensgefahr brachten. Deshalb bleibt ihr Verhalten an diesem Tage rätselhaft.

Es gelang ihnen, den größten Teil der Flugblätter an Fenstersimsen und auf Treppenabsätzen zu verteilen. Sie konnten danach ungesehen auf die Straße flüchten. Doch dann gingen sie in den Lichthof der Universität zurück, um die noch übrig gebliebenen Flugblätter zu verteilen. In einer spektakulären Aktion wollten sie die Blätter von der oberen Balustrade hinab segeln lassen.

Dabei wurden sie von dem Hausmeister Jakob Schmied beobachtet. Schmied war überzeugter Nationalsozialist. Er stürmte die Treppen hinauf und nahm die beiden Geschwister vorläufig in Gewahrsam. Von der herbeigerufenen Gestapo wurden sie kurze Zeit später festgenommen.

Sie ließen sich ohne Widerstand abführen. Robert Mohr leitete von nun an die Verhöre und die polizeiliche Untersuchung.

Am gleichen Abend, an dem Hans und Sophie Scholl mit den Verhörspezialisten der Gestapo um ihr Leben und um das Leben und die Freiheit ihrer Mitverschwörer rangen, ließ Dr. Joseph Goebbels, der den absurden Titel „Minister für Volksaufklärung und Propaganda" führte, im Berliner Sportpalast eine Großveranstaltung inszenieren, die von allen deutschen Rundfunkstationen übertragen und von der NS-Wochenschau gefilmt wurde.

Mit dieser berüchtigten Veranstaltung, die unter dem Motto „Totaler Krieg – kürzester Krieg" stand, lieferte er sein demagogisches Meisterstück ab. Sie sollte einer „Angstpsychose in der Bevölkerung" entgegenwirken, die eine „stark beeinträchtigte Siegeszuversicht"[8] nach sich zog, wie es in einem SS-Bericht hieß.

Zum Abschluss einer rhetorisch genau durchgeplanten Rede stellte er den Zuhörern im Saal und damit dem deutschen Volk die Frage „Wollt ihr den totalen Krieg?", die von der aufgepeitschten Masse mit einem enthusiastischen „Ja" und mit nicht enden wollenden Sieg-Heil-Rufen beantwortet wurde.

Am Ende dieses schicksalhaften 18. Januar 1943, im Angesicht der Katastrophe von Stalingrad, konnten die Nationalsozialisten noch einmal einen doppelten Sieg feiern: Eine bedeutende Stimme des Widerstands wurde zum Schweigen gebracht und die nationalsozialistische Führung hatte sich die Legitimation erschlichen, ihren Krieg mit noch rücksichtsloserer Härte – auch gegen das eigene Volk – führen zu können.

---

8   Wolfgang Benz: Geschichte des Dritten Reiches. Bonn 2008, S. 193; zit. als Benz.

Drei Tage lang herrschte Staatstrauer im „Großdeutschen Reich". Dann erklärte die NS-Führung, dass die Stalingrad-Krise überwunden sei. Die Toten wurden abgeschrieben. Mit der nun anlaufenden und im Volksmund so genannten „Operation Heldenklau", der „Auskämmung" von Verwaltungsstellen für den Dienst in der Wehrmacht, sollten die Lücken geschlossen werden. Angehörige der Hitlerjugend, die älter als 15 Jahre waren, wurden als „Flakhelfer" in den Luftkrieg geschickt, damit weitere Erwachsene als Soldaten an die russische Front geworfen werden konnten.

Der aussichtslos gewordene Krieg, der nur noch das Morden und Rauben im Namen des Nationalsozialismus verlängerte, konnte erst einmal ungehindert fortgesetzt werden.

Eine ungewöhnliche Familie in einer bewegten Zeit

Hans Scholl wurde 1918, zum Ende des Ersten Welt-kriegs geboren; seine jüngste Schwester Sophie 1921, als die Folgen der Niederlage für das deutsche Volk immer stärker spürbar wurden. Sie gehörten jenen unglücklichen Jahrgängen an, deren Leben gleich von zwei Weltkriegen überschattet wurde. Die „Urkatastrophe" des Zwanzigsten Jahrhunderts stand auch am Beginn ihres Lebens.

Fast die Hälfte aller deutschen Männer zwischen 15 und 60 Jahren waren im Ersten Weltkrieg Soldaten oder dienstverpflichtet. Einer von ihnen war der 1891 geborene Robert Scholl. Er entstammte einer Bauernfamilie und hatte nach der Mittleren Reife die Verwaltungsfachschule in Stuttgart besucht. Als der Krieg 1914 ausbrach, hatte ihn der nationale Taumel, der weite Teile des Bürgertums erfasst hatte, nicht angesteckt. Er war ein Kriegsgegner in einer militaristischen Zeit.

Als er gleich zu Beginn des Krieges eingezogen wurde und zum Infanteristen ausgebildet werden sollte, verweigerte er den Dienst an der Waffe. Pazifisten konnten im Kaiserreich zu Sanitätssoldaten ausgebildet werden. Robert Scholl musste allerdings wegen zivilen Ungehorsams einen im Sinne der Zeit wenig ruhmreichen Strafdienst in einem Ludwigsburger Lazarett ableisten.

1915 lernte er Magdalena Müller kennen, die dort als Krankenschwester arbeitete. Magdalena Müller war 1881 geboren. Die tiefgläubige evangelische Christin trat 1904 den Diakonissen bei und wurde 1909, nach ihrer Ausbildung zur Krankenpflegerin, in Schwäbisch Hall eingesegnet. In der Folgezeit arbeitete sie als „Schwester Lina"[9] in der Gemeindekrankenpflege, bis auch sie Verwundete pflegen musste.

Im Oktober 1916 trat Magdalena Müller aus der Diakonissengemeinschaft aus. Einen Monat später heiratete sie Robert Scholl.

Es war eine in mehrfacher Hinsicht ungewöhnliche Verbindung. Auch heute, zu Beginn des 21. Jahrhunderts, ist es unüblich, dass eine Frau auf ihre Berufung verzichtet und einen 10 Jahre jüngeren Mann heiratet. Vor allem aber heiratete Magdalena Müller einen Mann, der sich gegen den militaristischen Zeitgeist stellte. Der Widerwille gegen das Unrecht des Krieges, der auch seine Kinder auszeichnen sollte, war bereits in der Persönlichkeit des jungen Robert Scholl angelegt.

Als der Krieg der europäischen Großmächte um die Vorherrschaft auf dem alten Kontinent im August 1914 begann, war das Deutsche Reich auf lange Kämpfe, vor allem aber auf die langandauernde englische Seeblockade,

---

9   www.gerechte-der-pflege.net/wiki/index.php/Magdalena_Scholl.

25

nicht vorbereitet. Der deutsche Generalstab hatte gehofft, durch zwei kurze, siegreiche Feldzüge zuerst Frankreich niederzuwerfen und dann, mit Hilfe Österreich-Ungarns, Russland in die Knie zu zwingen. Dem rohstoffarmen Deutschland fehlten die natürlichen Ressourcen, um einen langen Krieg durchzustehen.

Die prekäre Lage wurde durch die Kriegserklärung Englands verschärft, das an der Seite seines Entente-Partners Frankreich in den Krieg eintrat, weil deutsche Truppen völkerrechtswidrig und ohne Kriegserklärung in das neutrale Belgien eingefallen waren. Um eine Partisanenbewegung im Keim zu ersticken, gingen deutsche Truppen im Vormarschgebiet massiv gegen die Zivilbevölkerung vor. Die weltberühmte Bibliothek der Universität von Löwen wurde von der deutschen Artillerie in Brand geschossen.

Der deutsche Angriff kam sehr bald zum Erliegen, und beide Seiten gruben sich in Schützengräben ein. Der Stellungskrieg begann. In den folgenden vier Jahren versuchten beide Seiten, durch „Materialschlachten", die Hunderttausende Menschenleben forderten, eine Entscheidung auf dem Schlachtfeld zu erzwingen. Doch keiner Seite gelang der schlagende Durchbruch.

Erst als die Briten verstärkt die ersten Panzer einsetzten, vor allem aber, als 1917 die USA auf Seiten der Entente-Mächte in den Krieg eintraten, begann sich für die Mittelmächte Deutschland und Österreich-Ungarn, das Blatt zu wenden.

Im Frühjahr 1918 versuchte das Deutsche Reich mit einer Großoffensive seine letzte Karte zu spielen. Als auch dieser letzte Versuch misslang, war es nur noch eine Frage der Zeit, bis die Entente-Mächte die deutsche Frontlinie durchbrechen und alliierte Truppen ihren Fuß auf deutschen Boden setzen würden.

Nur an der Ostfront sah die Lage für Deutschland besser aus. Es war den deutschen Truppen gelungen, russische Einheiten, die nach Ostpreußen eingedrungen waren, bei Tannenberg vernichtend zu schlagen. Im Verlauf des Krieges gab es in Russland immer wieder Hungerrevolten gegen das korrupte zaristische Regime, dem es nicht gelang, eine ausreichende Lebensmittelversorgung für das russische Volk sicherzustellen.

Mit deutscher Unterstützung kam es schließlich 1917 zur Oktoberrevolution, in der Lenins Bolschewiki die Macht eroberten. Um im nun ausbrechenden Bürgerkrieg nicht auch noch gegen die Deutschen kämpfen zu müssen, schloss Lenin im März 1918 den Friedensvertrag von Brest-Litowsk mit dem Kaiserreich. Sowjetrussland musste in seinem Westen große Gebiete an Deutschland abtreten.

Dieser Sieg täuschte weite Teile der deutschen Öffentlichkeit darüber hinweg, dass die militärische Lage aussichtslos war. Gegen die Übermacht der USA, Großbritanniens und Frankreichs konnte das durch die Seeblockade ausgehungerte, durch die Materialschlachten substantiell und moralisch ausgeblutete Kaiserreich nicht länger bestehen.

Trotz seiner pazifistischen Einstellung wurde der Verwaltungsfachmann Robert Scholl 1917 zum Bürgermeister von Ingersheim an der Jagst bestellt. Er bekleidete dieses Amt bis Dezember 1919. Zusammen mit seiner Frau, die sich vornehmlich für soziale Belange einsetzte, versuchte er den kleinen Ort zu modernisieren. Mit seinem liberalen Geist und seinen allzu fortschrittlichen

Ideen machte er sich dort aber wenig Freunde. Es wurde ihm vorgeworfen, dass er Schwierigkeiten habe, auf seine Mitbürger zuzugehen, mit ihnen auf Dorffesten zu feiern und dass er seine Repräsentationspflichten[10] vernachlässigte. Deshalb waren die Ingersheimer froh, als ihm das besser bezahlte Amt als Bürgermeister in Forchtenberg angeboten wurde, das er am 1. Januar 1920 antrat.

In Ingersheim kamen die ersten beiden Kinder des Ehepaares zur Welt, Inge (geboren 1917) und Hans (1918). Sie wurden in eine Zeit des Umbruchs geboren.

1918 hatte die Oberste Heeresleitung, ein Duumvirat aus Feldmarschall Paul von Hindenburg und dem Ersten Generalquartiermeister Erich Ludendorff, neben dem Oberbefehl auch faktisch die Macht im Kaiserreich übernommen. Am 29. September 1918 sahen sie keinen Ausweg mehr. In einer Denkschrift gestanden sie dem Kaiser die Niederlage ein. Die deutsche Front würde nur noch wenige Tage halten. Sie forderten sofortige Waffenstillstandsverhandlungen, denn sonst würde der Feind in das Reichsgebiet einmarschieren. Um die Verhandlungsposition Deutschlands zu verbessern, sollte man auf die Forderung der Alliierten nach Demokratie eingehen und eine parlamentarische Reichsregierung einsetzen.

Am 3. Oktober 1918 wurde der auch von den Alliierten geschätzte Chef des Deutschen Roten Kreuzes, Prinz Max von Baden, von Kaiser Wilhelm II zum Reichskanzler ernannt. Er stand einer Regierung vor, die von der SPD, dem Zentrum und den Liberalen, also der bisherigen Opposition, getragen wurde. Ende Oktober 1918 wurde die parlamentarische Regierungsform im

---

10   http://weiße-rose-crailsheim.de/projekt-wg13-1/dvater.htm.

Reich eingeführt. Gleichzeitig meuterten die Matrosen der Hochseeflotte. Die Hochseeflotte, die „schimmernde Wehr" des Reiches, war der ganze Stolz von Adel und Bürgertum. Mit ihrer Hilfe wollte Deutschland seinen „Platz an der Sonne" erobern. Sie wurde im Weltkrieg nur sehr vorsichtig eingesetzt, weil sie, trotz eines gewaltigen Flottenbauprogramms, der Royal Navy hoffnungslos unterlegen war. Die Seeblockade der Briten konnte sie nicht brechen.

Jetzt, am Ende des Krieges, gab es Pläne des Flotten-oberkommandos, die Großkampfschiffe zu einem letzten „Todesritt" auslaufen zu lassen, um sich den Briten zu stellen. In einer großen Seeschlacht wollten die Marineof-fiziere den ehrenhafte Untergang suchen.

Als diese Pläne zu den Matrosen durchsickerten, kam es zum Aufstand. Die Matrosen setzten ihre Offiziere ab und bildeten Matrosenräte, die das Kommando übernah-men.

Die Reichsregierung versuchte, den Matrosenaufstand niederzuschlagen und die Meuterer hart zu bestrafen. Daraufhin brach in Kiel ein weiterer Matrosenaufstand aus, um das zu verhindern. Der Kieler Matrosenaufstand ließ sich nicht mehr so leicht eindämmen. In der ersten Novemberwoche 1918 breitete sich die Aufstandsbewe-gung wie ein Lauffeuer aus. Im ganzen Reich bildeten sich Arbeiter- und Soldatenräte. Sie entmachteten die Offi-ziere und übernahmen die Regierung in verschiedenen deutschen Städten. So kam es am 7. November 1918 auch zur Revolution in München. Das bayrische Königshaus wurde gestürzt und eine neue Revolutionsregierung unter dem USPD-Politiker Kurt Eisler proklamierte den Freistaat Bayern. Die revolutionären Ereignisse im

Reich erzwangen die Abdankung Kaiser Wilhelms II am 9. November 1918. Er flüchtete in die neutralen Niederlande, um einer Anklage als Kriegsverbrecher zu entgehen.

Prinz Max v. Baden betraute den SPD-Politiker Friedrich Ebert mit der Bildung einer neuen Reichsregierung. Am gleichen Tag rief Philipp Scheidemann die Republik aus. Der 9. November sollte zum Schicksalstag der Deutschen werden wie schon 1848 (Erschießung von Robert Blum) und später 1923 (Hitler-Putsch), 1938 (Reichspogromnacht) und 1989 (Fall der Mauer in Berlin).

Am 10. November 1918 übernahm der Rat der Volksbeauftragten aus SPD und USP die Reichsregierung. Generalstabschef Wilhelm Groener erklärte sich zur Zusammenarbeit mit der neuen Regierung bereit. Um die staatliche Ordnung wieder herzustellen, benötigten die Sozialdemokraten die alten Militäreliten. Es kam zu einem kurzzeitigen Bund zwischen diesen gesellschaftlichen Kräften, die sich kurz vorher noch bekämpft hatten. Der linke Schriftsteller Theodor Plevier brachte diesen Umstand auf die Formel: „Der Kaiser ging, die Generäle blieben."

Die sozialdemokratisch geführte Regierung, nicht das Militär, musste um Waffenstillstand bitten. Die alten Eliten des Kaiserreiches wollten mit der von ihnen verursachten Niederlage nichts mehr zu tun haben.

Am 11. November 1918 unterzeichnete der Zentrums-Politiker Matthias Erzberger in einem Eisenbahnwagen im Wald von Compiègne den Waffenstillstandsvertrag. Einen Monat später besetzten belgische und britische Truppen den Raum Köln/Aachen.

Die deutschen Truppen verließen in den folgenden Wochen die Schützengräben und marschierten in militärischer Ordnung in die Heimat zurück. Es sah für große Teile des deutschen Volkes so aus, als sei Deutschland „im Felde unbesiegt" geblieben. Erst der angebliche „Dolchstoß" von Linken und Demokaten in den Rücken des Heeres habe die Niederlage und den Untergang des Kaiserreiches gebracht. Dass der Krieg verloren war, wollten vor allem die alten Eliten nicht einsehen. Sie schufen die Dolchstoß-Legende, um von ihrer Schuld am Untergang des Bismarckreiches abzulenken. Die entstehende Weimarer Republik sah sich von Anfang an einer starken Phalanx von Demokratiefeinden gegenüber. Für die staats- und gesellschaftstragenden Schichten des Kaiserreiches war die Demokratie eine ungeliebte Frucht der Niederlage. Für die alten Militäreliten war klar, dass ein erneuter „Dolchstoß", an den sie inzwischen selbst zu glauben begannen, in einem kommenden Krieg unter allen Umständen verhindert werden musste. Dieser Gedanke fiel später bei den Nationalsozialisten auf fruchtbaren Boden.

Auch nach der Unterzeichnung des Waffenstillstandvertrages gingen die revolutionären Wirren weiter. Nachdem am 1. Januar 1919 die KPD gegründet wurde, kam es zu Straßenkämpfen in Berlin („Spartakus-Aufstand"). Noch bis in den Mai sollten immer wieder Unruhen im Reichsgebiet auflammen. Radikallinke Gruppen versuchten in mehreren Städten Räteregierungen nach sowjetischem Vorbild zu etablieren. Diese Versuche wurden mit der Einwilligung der Regierung von den neu aufgestellten nationalistischen Freikorps niedergeworfen.

Im Januar 1919 wurde eine Nationalversammlung gewählt. Es kam eine Dreiviertelmehrheit für die parlamentarische Demokratie zustande. Eine Koalition aus SPD, Zentrum und der liberalen DDP unter Philipp

Scheidemann übernahm die Regierung. Friedrich Ebert (SPD) wurde zum Reichspräsidenten gewählt. Die Parteien, die im Kaiserreich die Opposition gebildet hatten, bildeten die „Weimarer Koalition" und regierten nun das Land.

Das Frauenwahlrecht, der Acht-Stunden-Tag und Tarifverträge zwischen Arbeitgebern und Gewerkschaften wurden eingeführt und damit zum Teil jahrzehntelange Forderungen der politischen Linken erfüllt. Den gewaltsamen Wirren bei ihrer Entstehung zum Trotz, bot die neue deutsche Republik eine Chance für die soziale Weiterentwicklung der Gesellschaft.

Auch Robert Scholl stellte sich in den Dienst des gesellschaftlichen Fortschritts. In Forchtenberg trat er 1920 sein Amt als Bürgermeister an. Seine älteste Tochter, Inge Scholl, schreibt über diese Zeit:

„Das beschauliche Städtchen im Kochertal, in dem wir unsere Kindertage verbrachten, schien von der großen Welt vergessen. Die einzige Verbindung mit dieser Welt war eine gelbe Postkutsche, die die Bewohner in langer, rumpelnder Fahrt zur Bahnstation brachte."[11]

In dieser Weltabgeschiedenheit bekam das Ehepaar Scholl vier weitere Kinder: Elisabeth (geb. 1920), Sophie (geb. 1921), Werner (geb. 1922) und Thilda, die 1925 geboren wurde, aber bereits im folgenden Jahr starb. Trotz dieses Schicksalsschlages erlebten sie eine schöne Kindheit. Inge Scholl schreibt darüber:

---

11   Inge Scholl: Die Weiße Rose. Erweiterte Neuausgabe. Frankfurt am Main, 2001 (¹1993). S.12 Zit. als Scholl

„Uns aber erschien die Welt dieses Städtchens nicht klein, sondern weit und groß und herrlich. Wir hatten auch bald begriffen, dass sie am Horizont, wo die Sonne auf- und unterging, noch lange nicht zu Ende war."[12]

Das Verhältnis der Geschwister war sehr eng, auch weil die Kinder mit einem geringen zeitlichen Abstand voneinander geboren waren. Elisabeth Scholl meint dazu:

„Von klein auf waren wir eine Freundesgruppe, wir waren nicht auf andere angewiesen."[13]

Diese enge Bindung sollten die Geschwister ein Leben lang beibehalten, ja sie ging sogar noch über den Tod hinaus. Neben dem geringen Altersunterschied mag auch die besondere Stellung der Scholl-Kinder dazu beigetragen haben. Als die Kinder des Bürgermeisters waren sie privilegiert in der engen Welt der kleinen Stadt. Und noch einen Unterschied gab es zu den anderen Kindern des Städtchens: Robert Scholl legte sehr großen Wert auf Bildung. Im Haushalt der Scholls wurde musiziert, die Kinder wurden spielerisch an die Kunst und an die Literatur herangeführt. Die Künste wurden ein fester Bestandteil ihres Lebens.

In der Familie wurde ein offener Umgangston gepflegt. Susanne Zeller-Hirzel, eine Freundin und spätere Mitkämpferin Sophie Scholls, schildert Robert Scholl so:

---

12   Scholl, S. 13
13   Sibylle Bassler: Die Weiße Rose. Zeitzeugen erinnern sich. Reinbek bei Hamburg 2006, S. 18; zit. als Bassler.

„[Er] war ein hochgewachsener, temperamentvoller Herr, der ungeniert seine Meinung sagte. Gerechtigkeit und Anstand waren für ihn höchste Werte."[14]

Magdalena Scholl hielt sich eher zurück. Ihrem Wesen nach bescheiden und fromm war sie „der stille, gute Geist der Familie".[15] Das Streben nach Gerechtigkeit und Anstand haben später Hans und Sophie zum Handeln gegen den Nationalsozialismus veranlasst. Dabei half ihnen der Wahlspruch ihres Vaters. Er stammt von Goethe: „Allen Gewalten zum Trutz sich erhalten".

In jenem Goethegedicht, das aus dem Singspiel *Lila* von 1777 stammt, heißt es unter anderem:

„Allen Gewalten
Zum Trutz sich erhalten
Nimmer sich beugen
Kräftig sich zeigen
Rufet die Arme
Der Götter herbei."

Dieses Hohelied auf den persönlichen Mut, auf Unbeugsamkeit und Selbstbewusstsein half der Familie durch die Zeit der Verfolgung. Elisabeth Scholl berichtet, dass das Goethewort ihnen in den dunkelsten Stunden nationalsozialistischer Hetze Zuversicht schenken konnte. Hans Scholl schrieb den Wahlspruch der Familie unmittelbar vor seiner Hinrichtung an die Zellenwand.

---

14 Susanne Hirzel: Vom Ja zum Nein. Eine schwäbische Jugend. Tübingen 1998, S. 51; zit. als Hirzel.
15 Hirzel, S. 51.

Auch in Forchtenberg eckte Robert Scholl mit seinen damals neumodischen Ideen an. Aber immerhin gelang es ihm, „in zähe[m] Kampf gegen manchen Bauernschädel"[16], durchzusetzen, dass der Ort einen Eisenbahnanschluss und eine Kanalisation bekam.

Als Forchtenberg in der Mitte der 1920-er Jahre an den Errungenschaften der Moderne teilhaben konnte, war es gelungen, die Republik zu stabilisieren. Es war die Zeit der „Goldenen Zwanziger".

Vorausgegangen war eine Phase der Krisen. Bei den Friedensverhandlungen 1919 in Versailles wurde dem Deutschen Reich die alleinige Schuld am Ausbruch des Ersten Weltkrieges gegeben. Die deutschen Unterhändler wurden durch ein Ultimatum der Siegermächte gezwungen, die harten Friedensbedingungen zu akzeptieren.

Das Deutsche Reich musste sein Kolonialreich und einige Gebiete wie Elsass-Lothringen abtreten, vor allem aber hohe Reparationen an Geld und Sachlieferungen leisten. Im Januar 1921 wurde festgelegt, dass es innerhalb von 42 Jahren 226 Milliarden Goldmark und 12% seiner Exporteinnahmen[17] an die Siegermächte zu zahlen hatte. Außerdem wurde die Armee, der Stolz des Kaiserreiches, auf 100 000 Mann verkleinert. Die deutsche Armee sollte nicht mehr über moderne Waffen wie Flugzeuge, Panzer und U-Boote verfügen dürfen. Deutschland sollte niemals wieder einen Krieg beginnen können.

Die Haltung der Siegermächte zur Schuldfrage zeigte sich beispielsweise in der symbolischen Gestaltung der Soldatenfriedhöfe. Die alliierten Gefallenen bekamen

---

16   Scholl, S. 13.
17   Ursula Büttner: Weimar. Die überforderte Republik 1918-1933. Stuttgart 2008, S. 777; zit. als Büttner.

weiße Kreuze und Grabsteine. Sie waren die unschuldigen Opfer des Krieges. Die deutschen Gefallenen sollten aber unter schwarzen Grabkreuzen ruhen. In den Augen der Sieger waren sie die Aggressoren, die für eine böse Sache gekämpft hatten.

Die harten Friedensbedingungen, vor allem aber die Kriegsschuldfrage, brachten weite Teile der Bevölkerung gegen die Republik auf. Die deutsche Kriegspropaganda hatte vier Jahre lang behauptet, dass das deutsche Volk seine einzigartige Kultur vor dem Neid der Feinde verteidigen musste. Die Deutschen hatten glauben sollen, dass das Reich einen gerechten Verteidigungskrieg führte.

Französische und belgische Truppen besetzten das Ruhrgebiet, um den Forderungen der Siegermächte Nachdruck zu verleihen. Die demokratischen Politiker riefen zum passiven Widerstand auf. Wegen des militärischen Drucks der Alliierten blieb ihnen bald nichts anderes übrig, als auf die Forderungen einzugehen. Sie wurden deshalb von der nationalen Opposition als „Erfüllungspolitiker" diffamiert.

Der Zentrumspolitiker Matthias Erzberger, der den Versailler Vertrag unterschrieben hatte, wurde 1921 von Mitgliedern der rechtsradikalen „Organisation Consul" ermordet. Der passive Widerstand der Bevölkerung im französisch besetzen Ruhrgebiet gegen die „Erfüllungspolitik" zeigte dann aber auch bei den Siegermächten Wirkung. Bereits im April wurde auf Betreiben der Amerikaner die Reparationsschuld auf 132 Milliarden Goldmark gesenkt.

Die gewaltigen Staatsschulden, die das Kaiserreich während des Ersten Weltkriegs aufgehäuft hatte, und die Reparationsleistungen bewirkten einen Währungsverfall.

Im Juli 1922 kostete ein US-Dollar 402 (Papier-)Mark, im Oktober bereits 1648 Mark.

1923 war das Jahr der Hyperinflation. Am 12. Oktober kostete ein US-Dollar schließlich 4 Milliarden Mark. Die Vermögen und die Sparguthaben verfielen, Elend machte sich breit. Es kam zu Hungerunruhen und zu tumultartigen Szenen vor den Banken. Im Reich wurde der Notstand ausgerufen. Die immensen Kriegskosten wurden durch die Verarmung großer Teile der Bevölkerung bezahlt. Erst im November 1923 gelang es durch eine Währungsreform und durch die Einführung der Rentenmark, die Währung zu stabilisieren.

Von den Währungsturbulenzen und der politisch instabilen Lage versuchte eine rechte Splitterpartei zu profitieren, die ursprünglich aus München stammte, nun aber dabei war, sich in ganz Deutschland auszubreiten: die NSDAP.

1919 war der gescheiterte Kunstmaler und Weltkriegsgefreite Adolf Hitler der Deutschen Arbeiterpartei beigetreten, einer unbedeutenden politischen Vereinigung, die hauptsächlich aus Kleinbürgern und kleinen Geschäftsleuten bestand. Er fiel schon bald durch sein großes Redetalent auf, mit dem er seine Zuhörer fesseln und überzeugen konnte. Hitler nahm sogar Schauspielunterricht, um seine rednerischen Fähigkeiten zu optimieren. Bald schon verfügte er über ein Repertoire von einstudierten rhetorischen Posen, die er immer wirkungsvoller einzusetzen lernte und die sich bis heute ins kulturelle Gedächtnis eingeprägt haben.

Schon wenige Monate nach Hitlers Eintritt wurde aus dieser Vereinigung politisierender Kleinbürger die „Nationalsozialistische Deutsche Arbeiterpartei". Am 24.

Februar 1920 wurde die neue Partei während einer ersten Großveranstaltung im Münchener Hofbräuhaus aus der Taufe gehoben. Hitler verkündete das 25 Punkte umfassende Parteiprogramm. Das am äußersten rechten Rand des politischen Spektrums angesiedelte nationalistische Programm fiel durch die Forderung nach einer Politik auf, die Arbeiter und Kleingewerbetreibende bevorzugte, und durch einen radikalen Antisemitismus.

Im Dezember 1920 erlaubten reiche Gönner der Partei, eine kleine Zeitung zu erwerben. Der *Völkische Beobachter* wurde zum offiziellen Parteiorgan der NSDAP und zu einer stetigen Einnahmequelle. Seit 1923 erschien das Blatt täglich.

Am 29. Juli 1921 eroberte Adolf Hitler nach einem Richtungsstreit die Macht in seiner Partei. Er wurde der 1. Vorsitzende der NSDAP. Unter seiner Führung wurden Bestrebungen innerhalb der Partei, die auf eine Verschmelzung von Nationalismus und Bolschewismus hinarbeiteten („Nationalbolschewismus"), und die einen nationalistisch-kommunistischen Staat wollten, an den Rand gedrängt. Hitler hatte erkannt, dass der Weg an die Macht nur durch ein Bündnis mit den konservativen Eliten möglich war, die man durch allzu weit gehende soziale Forderungen nicht verschrecken durfte. Kurze Zeit später gründete er die „Sturmabteilung" (SA), eine Parteiarmee und Propagandatruppe, die den Schutz von Parteiveranstaltungen übernehmen sollte. Nach dem Vorbild der faschistischen „Schwarzhemden" in Italien wurden die SA-Männer in einheitliche braune Hemden gekleidet, die ursprünglich für die kaiserlichen Kolonialtruppen gedacht waren. Mit den Restbeständen des verlorenen Kolonialreichs wurde die „braune Bewegung" ausgestattet. Hitler selbst gefiel die neue braune Uniform übrigens nicht. Er fand die Farbe hässlich.[18]

Nach der SA-Gründung gelang es der NSDAP, auch außerhalb Bayerns Fuß zu fassen. Noch 1921 wurde in Zwickau die erste nicht-bayrische Ortsgruppe gegründet. Während sich die politische Lage durch den Währungsverfall immer weiter zuspitzte, kam es beim „Deutschen Tag" in Coburg im Oktober 1922 zu ersten Straßenkämpfen zwischen SA-Männern und KPD-Mitgliedern. Der Terror der braunen Kolonnen hatte begonnen.

Hermann Esser, ein Schriftsteller, der die NSDAP mitbegründet hatte, rief zu dieser Zeit Hitler zu „Deutschlands Mussolini" aus. Aus dem Vorsitzenden einer rechtsradikalen Splitterpartei wurde der „Führer", der Deutschland erlösen sollte. Ebenso wie der Hitlergruß wurde auch dieser Titel von den italienischen Faschisten übernommen. „Führer" ist die deutsche Übersetzung von „Duce", dem Ehrentitel Mussolinis. Der englische Historiker Ian Kershaw sieht in diesem Ereignis die Geburtsstunde des Hitlermythos und den Beginn des NS-Führerkultes.

Doch noch wehrte sich die Demokratie. Schon im November wurde die NSDAP in Preußen verboten, Sachsen, Thüringen und Hamburg folgten. Die Regierungen dieser Länder hofften, den entstehenden deutschen Faschismus stoppen zu können. Denn in Italien hatten diese extremen Nationalisten durch Mussolinis „Marsch auf Rom" gesiegt und alle Versuche, eine Demokratie in Italien aufzubauen, hinweggefegt.

---

18   Fest, Hitler a. a. O.

In Bayern, das einen Rechtsruck erlebt hatte, blieb die Hitler-Partei weiter erlaubt. Im Januar 1923 fand der 1. Reichsparteitag in München statt. Die Partei hatte zu diesem Zeitpunkt 20 000 Mitglieder. Hitler baute seine Machtbasis in der NSDAP weiter aus. Aus seinen ergebensten Anhängern selektierte er den „Stoßtrupp Hitler". Aus dieser Parteigliederung entstand später die SS.

Ende 1923 kam es zum Streit zwischen der rechtsgerichteten bayrischen Landesregierung und der Reichsregierung, die forderte, dass der *Völkische Beobachter* verboten werden sollte. Hitler musste befürchten, dass sein Sprachrohr, das mittlerweile im ganzen Reich gelesen wurde, mundtot gemacht werden sollte. Er plante deshalb wie Mussolini einen Marsch auf Berlin, um die demokratisch gewählte Regierung zu stürzen.

Putschversuche gegen die Republik hatte es seit 1919 mehrere gegeben, der bisher letzte fand am 1. Oktober 1923 durch die „Schwarze Reichswehr" in Küstrin statt. Alle Versuche scheiterten jedoch. Noch hielten die demokratischen Institutionen stand.

Hitler glaubte aber, dass ein von ihm geführter Putsch größere Erfolgschancen haben würde. Er war ihm gelungen, den ehemaligen Ersten Generalquartiermeister des Heeres, Erich Ludendorff, auf seine Seite zu ziehen. Ludendorff war nach dem Krieg nach Bayern gezogen und ein hoch geachteter Teil der völkischen Bewegung geworden. Mit seiner Hilfe wollte Hitler die politische Rechte einigen.

Um die Macht in Deutschland an sich zu reißen, plante er zuerst die bayrische Landesregierung zu beseitigen, um dann auf Berlin zu marschieren. Als Datum wählte er den 9. November 1923. Genau fünf Jahre vorher war die Republik ausgerufen worden, und der Kaiser war geflüchtet.

Am Vorabend hielt er eine Versammlung im Hofbräuhaus ab und erklärte die bayrische Regierung für abgesetzt. Es gelang seiner Parteitruppe, einige Regierungsmitglieder festzusetzen.

Die bayrische Regierung kapitulierte aber nicht. In einer Verzweiflungstat machte Hitler sich mit seinen Getreuen auf, um die Regierung doch noch zu stürzen. Die bayrische Polizei stoppte den Demonstrationszug vor der Münchener Feldherrnhalle. Polizeibeamte feuerten auf die Demonstranten, mehrere starben. Nur mit Glück entging Hitler einer Polizeikugel.

Hitler wurde der Prozess wegen Hochverrats gemacht. Er kam mit einem milden Urteil davon und wurde nur zu fünf Jahren Festungshaft verurteilt. Sympathisanten in der bayrischen Justiz sorgten dafür, dass die Strafe nach 8 Monaten zur Bewährung ausgesetzt wurde. Hitler nutzte die freie Zeit und die komfortablen Haftbedingungen, um seine autobiografische Programmschrift „Mein Kampf" zu verfassen. Während er im Gefängnis saß, löste sich die NSDAP in ihre Bestandteile auf. Ein gefährlicher Gegner der Demokratie schien besiegt zu sein.

1924 sollte eine Expertenkommission unter dem Amerikaner Charles G. Dawes erneut über die Höhe der Reparationen nach der Einführung der Rentenmark verhandeln. Im Oktober wurde schließlich die Dawes-Anleihe eingeführt. Sie ermöglichte die Einführung der Reichsmark als international konvertibler Währung.

Die Hyperinflation war damit endgültig vorüber. In der Folge strömte vor allem amerikanisches Kapital nach Deutschland. Die Wirtschaft erholte sich allmählich wieder und es begann eine kurze Zeit der ökonomischen und kulturellen Blüte. Berlin entwickelte sich zu einem

Zentrum der Moderne. Der Glanz der Hauptstadt strahlte weit, vor allem in den zentral- und osteuropäischen Raum hinein. Künstler und Wissenschaftler strömten in die Spreemetropole. Das Kulturleben blühte auf und die Stadt erlebte einen Modernisierungsschub. Meilensteine der Filmgeschichte wie Fritz Langs „Metropolis" entstanden in den Studios von Babelsberg. Im Großen Schauspielhaus mit seinen 3200 Plätzen revolutionierte Max Reinhard das Theater. Eine neue Kunstrichtung, die Neue Sachlichkeit, entstand. Das Bauhaus in Dessau setzte im Design neue Maßstäbe. Bedeutende und noch heute viel gelesene Schriftsteller wie Alfred Döblin, Erich Kästner, Hans Fallada lebten und arbeiteten in Berlin.

Aus Deutschland kam die fortschrittlichste Technik. Ende 1924 fand die erste Deutsche Funkausstellung in Berlin statt. Der Rundfunk wurde zum Massenmedium. 1925 gab es bereits eine Million Rundfunkteilnehmer. Bei der Deutschen Automobilausstellung wurden die ersten Fahrzeuge mit Dieselmotor vorgestellt. Insgesamt 13 Deutsche erhielten während der Weimarer Republik den Nobelpreis.

Die deutsche Republik präsentierte sich auch noch auf einem anderen Gebiet als High-Tech-Standort. Wagemutigen deutschen Fliegern gelang die schwierige Überquerung des Atlantiks von Ost nach West. Die Lufthansa wurde gegründet. Die neue Funktechnik ermöglichte es, Ferngespräche nach New York zu übertragen. Deutsche Zeppeline verbanden die Kontinente.

Und die technische Entwicklung lief rasend weiter. Zum Ende des Jahrzehnts gab es die ersten vollelektronischen Fernsehübertragungen und die ersten Tonfilme.

„Tempo" war eines der Schlagworte der Zeit. Es ist kein Zufall, dass die Papiertaschentücher, die damals aufkamen, so genannt wurden. Auch die Wirtschaft veränderte sich. Unter dem Namen „Fordismus" setzte sich die Fließbandproduktion immer stärker durch. Die neuen Produktionsmethoden ermöglichten niedrigere Preise für die Kunden. Kleidung aus den neuen Kunstfasern war auch für die ärmeren Bevölkerungsgruppen erschwinglich. In den Städten entstanden Großkaufhäuser, die „tausendfach unter einem Dach" alle Güter des täglichen Bedarfs anboten, wie ein damals populärer Werbespruch lautete. Ein zunehmender Wohlstand ermöglichte erstmals Massenkonsum.

1927 verabschiedete die Weimarer Koalition zwei bedeutende Sozialgesetze. Erstmals wurde eine Arbeitslosenversicherung eingerichtet und der gesetzliche Mutterschutz eingeführt.

Auch in der Außenpolitik gelang es allmählich, Deutschland aus seiner Isolation herauszuholen. Durch die Entspannungspolitik von Gustav Stresemann und seines französischen Amtskollegen Aristide Briand gab es erste Versuche, die deutsch-französische „Erbfeindschaft" zu überwinden. 1926 wurde Deutschland Mitglied des Völkerbunds, der Vorläuferorganisation der UNO. Gleichzeitig wurde ein Freundschafts- und Neutralitätsvertrag mit der Sowjetunion ausgehandelt. Im Briand-Kellogg-Pakt sprachen sich die großen Nationen für die Ächtung des Krieges aus. Stresemann und Briand wurde der Friedensnobelpreis zugesprochen.

Die Republik schien konsolidiert zu sein, obwohl es immer wieder innenpolitische Turbulenzen gab. Die Zeit für einen revolutionären Umsturz schien aber vorbei zu sein.

Als Hitler aus dem Gefängnis kam, war seine Anhängerschaft bis auf wenige Getreue in alle Winde zerstreut. Er musste 1925 die NSDAP neu gründen. Auf einer Führertagung in Bamberg im folgenden Jahr setzte er seine Linie erneut gegen sozialrevolutionäre national-bolschewistische Bestrebungen durch. Die Partei sollte nun versuchen, auf legale Weise die Macht zu erringen. Erst dann sollte es zu einer nationalsozialistischen Umgestaltung von Staat und Gesellschaft kommen.

Der Kampf um die öffentliche Meinung und gegen die Demokratie sollte von der SA auf den Straßen geführt werden. Ein erfolgloser junger Schriftsteller sah darin seine Chance. 1926 wurde Dr. Joseph Goebbels zum „Gauleiter" von Berlin. Er sollte die Hauptstadt für Hitler erobern. Nachdem durch den Legalitätskurs das Redeverbot für Hitler in Preußen aufgehoben wurde, erhielt er die Möglichkeit, in Berlin sprechen zu dürfen. 1928 sprach er zum ersten Mal auf einer Großkundgebung im Berliner Sportpalast. Die NSDAP und die SA wurden auch im traditionellen „roten" Berlin zur Massenbewegung. Mit der Ernennung Heinrich Himmlers zum „Reichsführer SS" baute Hitler seine Machtbasis in der Partei weiter aus.

Trotz der wirtschaftlichen Erholung gelang es nie, Vollbeschäftigung zu erreichen. Bereits 1929 gab wieder 2,7 Millionen Arbeitslose, die Anspruch auf staatliche Unterstützung hatten. Am 24. Oktober 1929 kam es zum Kurssturz an der New Yorker Börse. Zum ersten Mal riss die Wall Street die Weltwirtschaft in den Abgrund. Das „Jazz Age" mit seinem langen Wirtschaftsaufschwung endete. Das konjunkturelle Wachstum war durch eine gigantische Verschuldung von Staat und Bürgern finanziert worden.

Es folgte eine lange wirtschaftliche Depression, die in den USA bis in die ersten Kriegsjahre andauern sollte.

Das Erdbeben an der New Yorker Börse war besonders in Deutschland zu spüren. Die fragile und weiterhin durch hohe Reparationen belastete deutsche Volkswirtschaft, und mit ihr die gesamte Weimarer Republik, wurden in ihren Grundfesten erschüttert.

Innerhalb weniger Wochen stieg die Arbeitslosenzahl um eine weitere halbe Million. In einer Zeit, in der die Arbeitslosenunterstützung nur das knappe Überleben sicherte, bedeutete Arbeitslosigkeit für die betroffenen Familien den Sturz ins Elend. In den wenigen Jahren seit der Hyperinflation war es den Wenigsten gelungen, finanzielle Reserven aufzubauen. Arbeitslose standen oftmals vor dem Nichts.

Von der sich immer weiter verschärfenden wirtschaftlichen Lage profitierten die extremistischen Parteien. Die KPD auf der extremen linken und die NSDAP auf der extremen rechten Seite des politischen Spektrums versprachen eine radikale Veränderung der Verhältnisse. In den Augen ihrer Anhänger hatte sich die Demokratie als untauglich erwiesen. Die Probleme Deutschlands sollten mit diktatorischen Mitteln gelöst werden, sei es durch die Diktatur des Proletariats, sei es durch eine faschistische Führerdiktatur. Noch versuchte die Republik, sich zu wehren. So verbat die preußische Regierung 1930 ihren Beamten die Betätigung in KPD und NSDAP. Die Krise war aber bereits so tief, dass alle Versuche, den immer stärker werdenden Extremismus einzudämmen, zum Scheitern verurteilt waren.

Die demokratischen Regierungen lösten einander immer schneller ab. Die „Weimarer Koalition" aus SPD, Zentrum und den Liberalen zerbrach. Rechtsbürgerliche, rechte und nationale Parteien wurden stärker. 1930 wurde Heinrich Brüning Chef einer bürgerlichen Minderheitsregierung, die sich auf das Vertrauen des 1925 zum Reichspräsidenten gewählten ehemaligen Feldmarschalls Paul von Hindenburg stützen konnte. Mit Notverordnungen, also unter Umgehung des Parlaments, versuchte Brüning der Lage Herr zu werden. Um eine erneute Hyperinflation zu verhindern, verordnete er ein striktes Sparprogramm, mit dem er den Anstieg der Staatsverschuldung bremsen wollte („Deflationspolitik"). Diese Austeritätspolitik verschärfte die Krise weiter, und durch eine Entlassungswelle bei den Staatsbediensteten wurde das Heer der Arbeitslosen zusätzlich vergrößert. Anfang 1931 stieg die Zahl der Arbeitslosen auf 4,97 Millionen.

Bei der Reichstagswahl im September 1930 erreichte die NSDAP eine spektakuläre Steigerung ihres Stimmenanteils von 2,6 % auf 18,3 %. Die Nationalsozialisten konnten nicht länger ignoriert werden. Nachdem in Thüringen ein Nationalsozialist, Wilhelm Frick, Minister geworden war, kam es im Oktober zu einer ersten Unterredung zwischen Brüning und Hitler. Es sollte die Möglichkeit einer Regierungszusammenarbeit ausgelotet werden.

Um den politischen Kampf auf den Straßen gegen Demokraten und Kommunisten effektiver führen zu können, ernannte Hitler den ehemaligen Offizier Ernst Röhm 1931 zum Chef der SA. Die SA hatte zu diesem Zeitpunkt die doppelte Mannstärke der Reichswehr.

Hitler wollte, dass der politische Kampf auch in die Betriebe getragen wurde. Im Januar 1931 wurde die Nationalsozialistische Betriebszellenorganisation gegründet. Die NS-Betriebszellen sollten das Gegengewicht zu den Gewerkschaften bilden.

Die Krise verschärfte sich immer weiter. Mitte 1931 standen die deutschen Staatsfinanzen vor dem Zusammenbruch. US-Präsident Herbert Hoover setzte durch, dass die Reparationszahlungen für ein Jahr ausgesetzt wurden. Die Londoner Sieben-Mächte-Konferenz beschloss, dass die kurzfristigen privaten deutschen Auslandsschulden nicht mehr bedient werden mussten.

Die Demokratiefeinde formierten sich unterdessen. Im Juli 1931 wählte der Deutsche Studententag erstmals einen Nationalsozialisten zum Vorsitzenden. Im Oktober 1931 formierte sich die „Harzburger Front" aus der NSDAP und dem nationalistischen „Stahlhelm"-Verband. Der Republik stand ein mitgliederstarker Block aus rechtsradikalen Demokratieverächtern gegenüber.

Gegen die „Harzburger Front" versuchte die SPD zusammen mit den Gewerkschaften und Arbeitersportvereinen eine demokratische „Eiserne Front" zum Schutz der Demokratie aufzubauen. Doch gegen die gut organisierten Nationalisten hatte dieser Versuch wenig Aussicht auf Erfolg.

Zum Ende des Jahres 1931 stieg die Arbeitslosenzahl auf 5,7 Millionen. Der Rückhalt für die demokratischen Parteien schwand immer weiter. Die Lage war schließlich so verzweifelt, dass bei der Reichspräsidentenwahl 1932 die SPD zur Wahl des reaktionären Reichspräsidenten Hindenburg aufrief, um die Wahl Hitlers zu verhindern. Im Februar 1932 erreichte die Arbeitslosigkeit den Höchststand: 6,1 Millionen Arbeitssuchende wurden von der Arbeitslosenversicherung unterstützt.

Im April 1932 rafften sich die demokratischen Kräfte noch einmal zur Gegenwehr auf: die Bürgerkriegsarmeen SA und SS wurden im ganzen Reichsgebiet verboten.

Diese Maßnahme konnte aber nicht verhindern, dass die NSDAP bei verschiedenen Landtagswahlen große Stimmengewinne einfahren konnte. Georg Strasser, ein Nationalsozialist der ersten Stunde und scharfer Kritiker Hitlers, forderte ein Zusammengehen mit den Gewerkschaften, um ein Arbeitsbeschaffungsprogramm auf die Beine zu stellen („Querfront"). Die NSDAP wurde damit auch für linke Wähler zu einer bedenkenswerten Alternative. In Anhalt wurde ein erster Nationalsozialist Ministerpräsident, kurz danach gewann die NSDAP auch in Oldenburg die Wahl. Die Partei gelangte allmählich an die Schalthebel der Macht.

Im Mai 1932 stürzte das Kabinett Brüning. Franz v. Papen wurde sein Nachfolger. Zusammen mit dem Reichswehrminister Kurt v. Schleicher bildete er ein „Kabinett der Barone", das nur noch von einer Minderheit gestützt wurde. Hitler hatte v. Papen auf einem Treffen vorher zugesagt, dass er die Regierung tolerierte, wenn das SA-Verbot aufgehoben würde. Am 14. Juni 1932 wurden SA und SS wieder erlaubt. Die NSDAP begann, endgültig die Straßen zu erobern. Beim „Altonaer Blutsonntag" wurden bei schweren Straßenkämpfen zwischen SA und KPD-Anhängern 18 Menschen getötet. Die sich immer weiter ausbreitenden Straßenkämpfe zwischen den kommunistischen „Thälmannbrigaden" und der SA brachten v. Papens „Kabinett der Barone" im Juli 1932 dazu, über Berlin und Brandenburg den Ausnahmezustand zu verhängen. Die Landesregierung wurde durch Reichskommissare ersetzt („Preußenschlag").

Die parlamentarische Demokratie wurde Schritt für Schritt außer Kraft gesetzt. Hitlers Gleichschaltungspolitik sollte schließlich einen Prozess beenden, der schon längst begonnen hatte. Bereits seit einiger Zeit wurde die Regierung nicht mehr durch das Parlament kontrolliert. Das Land wurde durch „Notverordnungen" nach Artikel 48 der Weimarer Verfassung regiert. Die demokratischen Institutionen verloren nach und nach ihre Macht.

Während sich die Lage weiter verschärfte, stand Hitler kurz vor der Machtübernahme. Mit 37,3 % der Stimmen wurde die NSDAP zur stärksten Fraktion im Reichstag. Nur Reichspräsident Paul v. Hindenburg weigerte sich standhaft, Hitler zum Reichskanzler zu ernennen. Er hielt den „böhmischen Gefreiten" für unfähig, eine Regierung zu führen.

Im September 1932 war das „Kabinett der Barone" am Ende. Ein Misstrauensvotum hatte die Regierung v. Papen gestürzt. Bei den Neuwahlen im November verlor die NSDAP an Stimmen, blieb jedoch stärkste Kraft. Demokratisch gesinnte Bürger hofften, dass der braune Spuk nun seinen Zenit überschritten hätte.

Hitler sah sich zum Handeln gedrängt. Entweder gelang es ihm, bald die Macht zu erobern, oder er würde wieder in die Bedeutungslosigkeit zurücksinken. Der NSDAP-Führer ließ seine Kontakte spielen. Industrielle und Großagrarier traten an Hindenburg mit der Forderung heran, Hitler zum Kanzler zu machen. Hindenburg entschied sich erneut dagegen. Statt seiner wurde Reichswehrminister Kurt v. Schleicher zum Reichskanzler ernannt.

Die von Brüning initiierte strikte Sparpolitik zeigte erste Erfolge. Im Dezember sank die Arbeitslosenzahl überraschend auf 5,8 Millionen. Mit dem Abkommen von Lausanne wurde das Reparationsregime beendet. Die Wirtschaft zeigte erste Anzeichen einer Erholung.

Hinter den Kulissen verhandelten v. Papen und der NSDAP-Führer über die Bildung eines Kabinetts Hitler. Zu diesen Geheimgesprächen kamen der konservative Medienmogul Hugenberg und enge Mitarbeiter Hindenburgs hinzu. Franz v. Papen überzeugte Paul v. Hindenburg, Reichskanzler v. Schleicher die Unterstützung zu entziehen. Am 28. Januar 1933 trat dieser zurück.

Zwei Tage später wurde Hitler zum Reichskanzler eines Präsidialkabinetts ernannt. Mit Hitler als Gallionsfigur, so glaubten die Kreise um v. Papen, würde man eine Politik durchführen können, die vorrangig die Interessen der Industrie und der ostelbischen Junker bediente. Mit einem überwiegend konservativen Kabinett hofften sie, den „Führer" zähmen zu können. Von v. Papen stammt angeblich der Ausspruch: „Wir drücken den Hitler an die Wand, bis dass er quietscht!"

Auch die sozialdemokratische Opposition setzte darauf, dass Hitler sich nicht lange an der Macht würde halten können. Die Abgrenzung zur KPD war wichtiger. Als die KPD einen Generalstreik forderte, wurde dies von der SPD und von der Eisernen Front abgelehnt. Am Abend des 30. Januars 1933 marschierten siegestrunkene SA-Kolonnen mit Fackeln durch das Brandenburger Tor.

Die Probleme der Zeit ließen auch die Familie Scholl nicht unberührt. Das politische Erdbeben, das die Republik erschütterte, war bis in das idyllische Forchtenberg zu spüren. 1930 hatte man dort genug von Robert Scholl und von seinen „modernen" Ideen. Er wurde als Bürgermeister abgewählt.

Mitten in der Weltwirtschaftskrise war es nicht leicht für Scholl, eine neue Betätigung zu finden. Sein untadeliger Ruf als Verwaltungsfachmann scheint ihm aber bald weitergeholfen zu haben. Noch im selben Jahr wurde ihm eine Stelle in Stuttgart angeboten. Er sollte die örtliche Handelskammer leiten. Zusammen mit seiner Familie blieb er zwei Jahre dort.

1932 zog die Familie schließlich nach Ulm. Robert Scholl konnte dort ein Büro für Wirtschaftsprüfung und Steuerberatung übernehmen. Das unstete Leben der Familie hatte ein Ende. In Ulm erlebten die fünf Kinder von Robert und Magdalena Scholl ihre Jugendjahre. Sie wuchsen auf im Schatten des Hakenkreuzes.

Die faschistische Versuchung

Es gelang der NS-Führung noch am Tag der Ernennung Hitlers zum Reichskanzler, das Geschacher um die Macht zu einem großen Sieg für die braune Bewegung umzudeuten. Aus der Intrige v. Papens wurde die „Machtergreifung"[19] gemacht. Der von Goebbels geprägte Begriff hat sich leider in den Köpfen festgesetzt.

Aus eigener Kraft hätte es Hitler nie an die Spitze des Staates geschafft. Dazu erschienen er und seine Bewegung aus intellektuellen Desperados, braunen Schlägern, wild gewordenen Kleinbürgern und verbohrten Antisemiten als zu unseriös. Der Volksmund schob die Ernennung Hitlers auf die zunehmende Senilität Hindenburgs, der immerhin schon 85 Jahre alt war: „Der alte Mann unterschreibt alles." Oder man beschrieb die braunen Horden als eine Bande von Gangstern. Der Berliner Witz machte aus SA und SS ‚Sass'. Die Gebrüder Sass waren bekannte Geldschrankknacker, die als

---

19   Wie oben geschildert, sollte man eher von einer „Machtübertragung" sprechen.

eine der Ersten der gnadenlosen NS-Justiz zum Opfer fielen.

Die Machtübergabe sollte Hitler ausschalten. Er sollte die Macht der antidemokratischen Eliten sicherstellen, und sich dann durch seine Unfähigkeit selbst entzaubern. Bei ihrem Machtspiel hatten v. Papen und Hugenberg allerdings einen Fehler gemacht und die SA bei ihren Überlegungen vergessen.

Hitlers Bürgerkriegsarmee war mit 600 000 Mann sechsmal so stark wie die Reichswehr. Die SA-Männer waren militärisch geschult und von der Reichswehrführung teilweise mit Kriegswaffen ausgerüstet worden. Mit den SA-Männern sollte im Kriegsfall die Reichswehr verstärkt werden.

Der neue Reichskanzler hatte also eine beeindruckende Privatarmee zur Verfügung. Seine Macht stützte sich nicht nur auf sein politisches Mandat, sondern vor allem auf die Gewehrläufe und Gummiknüppel der SA.

Die braunen Bataillone schlugen sofort los. Der überraschte politische Gegner wurde gnadenlos gejagt. SPD-Politiker, Kommunisten und Juden wurden willkürlich verhaftet und in improvisierten Gefängnissen misshandelt, die sich oft in SA-Lokalen befanden. Das „Reichsbanner Schwarz-Rot-Gold", ein sozialdemokratischer Kampfbund zur Verteidigung der Demokratie, wurde verboten und die Zentrale gestürmt. Die führenden Mitglieder des Reichsbanners wurden von SA-Schlägertrupps heimgesucht. Die Opposition wurde in kurzer Zeit mundtot geprügelt.

Hitler setzte durch, dass sein alter Kampfgefährte Hermann Göring kommissarischer preußischer Innenminister wurde. Damit unterstand die Polizei im größten deutschen Land einem führenden NS-Funktionär. Der als ehemaliger Jagdflieger und Kriegsheld populäre Göring nahm 4000 SA- und SS-Männer in die Polizei auf. Demokratisch gesinnte und jüdische Polizeibeamte wurden aus dem Dienst gedrängt. Die preußische Polizei wurde zum Machtmittel der NSDAP.

Der alte Reichspräsident beugte sich dem Rat seiner Mitarbeiter und löste am 2. Februar 1933 den Reichstag auf. Neuwahlen wurden für den 5. März 1933 angesetzt.

Um seine Macht zu sichern, setzte Hitler eine Notverordnung nach Artikel 48 der Weimarer Verfassung in Kraft. Unter der Überschrift „Sicherung nationaler Belange" wurde die Pressefreiheit eingeschränkt, die Wahlwerbung anderer Parteien behindert und eine Handhabe geschaffen, um missliebige Beamte zu entlassen.

Am 28. Februar 1933 brannte der Reichstag. Unter nie ganz geklärten Umständen hatte der Niederländer Marinus van der Lubbe das Feuer gelegt. Im Volk hielt sich hartnäckig das Gerücht, dass die SA an der Sache beteiligt war. Der Reichstagsbrand war für die NS-Führung jedenfalls ein Geschenk.

Sie brachte gleich am nächsten Tag eine neue Notverordnung heraus, die als „Reichstagsbrandverordnung" in die Geschichte eingehen sollte. „Zum Schutz von Volk und Staat", so lautete der Titel, wurde die Meinungs-, Presse-, Vereins- und Versammlungsfreiheit außer Kraft gesetzt. Die Garantie der Unverletzlichkeit der Wohnung wurde aufgehoben. Auf „Hochverrat und Brandstiftung" konnte ab sofort die Todesstrafe verhängt werden.

Die Bestimmungen der Reichstagsbrandverordnung wurden nie zurückgenommen und galten bis zum Ende der NS-Herrschaft am 8. Mai 1945. Sie bildeten die juristische Grundlage der braunen Terrorherrschaft. Auch die Mitglieder der Weißen Rose bekamen sie zu spüren.

Auf der Grundlage der Notverordnung wurde „zum Schutz von Volk und Staat" die „Schutzhaft" eingeführt. In demokratischen Rechtsstaaten sollen Straftäter durch die Schutzhaft vor einem Lynchmord geschützt werden. In Hitlerdeutschland wurde die Schutzhaft aber zu einem Willkürmittel, mit dem man wahllos politische Gegner festnehmen konnte. Die ersten, noch desorganisierten Konzentrationslager wurden von der SA für die „Schutzhäftlinge" errichtet. Im Deutschen Reich herrschte ab sofort ein permanenter Ausnahmezustand.

Trotz der massiven Unterdrückung der Opposition erreichte die NSDAP bei den letzten halbwegs freien Wahlen nur 43,9 % der Stimmen. Sie war auf eine Koalition mit der rechtsnationalen DNVP angewiesen, um auf eine Mehrheit von 51,9 % zu kommen.

Mit der Mehrheit im Rücken wurde das „Heimtückegesetz" verabschiedet. Jede öffentlich geäußerte Kritik an Hitler, der NSDAP und der Regierung wurde untersagt, eine regimefeindliche Bemerkung oder ein politischer Witz konnte Gefängnis bedeuten. Aufgrund dieses Gesetzes wurde Robert Scholl im Sommer 1942 verhaftet, verurteilt und inhaftiert. Er hatte eine kritische Bemerkung über Hitler gemacht und war denunziert worden.

Das Regime strebte an, die öffentliche Meinung mit den Ansichten der NSDAP gleichzuschalten. Das Volk sollte im Sinne des „Führers" und der Partei manipuliert werden. In Joseph Goebbels hatte Hitler den richtigen Mann für diese Aufgabe. Für ihn wurde ein weltweit einmaliges neues Ministerium geschaffen. Goebbels wurde zum „Minister für Volksaufklärung und Propaganda" berufen. Das Goebbels-Minsterium bestimmte darüber, was in den Zeitungen stand und was im Radio lief, außerdem welche Bücher gedruckt, welche Musik gespielt und welche Filme gezeigt werden durften. Der Propagandaminister hielt eine tägliche Pressekonferenz ab, in der er die Themen festlegte, über die in den Medien berichtet werden sollte. Es gab nur noch *eine* veröffentlichte Meinung. Die vielstimmige Weimarer Presse wurde zum Schweigen gebracht. Renommierte Zeitungen mussten schließen und wurden durch Parteiblätter ersetzt („Gleichschaltung"). Eine der reichhaltigsten Presselandschaften der Welt verödete.

Wenig später wurde die Reichsschrifttumskammer gegründet. Nur Nicht-Juden und dem Regime genehme Schriftsteller und Redakteure („Schriftleiter") konnten hier Mitglied werden. Alle anderen Autoren durften in Hitlers Deutschland nicht publizieren. Viele von ihnen wurden verfolgt und in die innere oder die äußere Emigration gedrängt. Die moderne Literatur der Zwanziger Jahre wurde durch völkischen Kitsch ersetzt.

Bevor die NS-Führung sich daranmachte, die deutsche Kulturlandschaft umzupflügen, suchte sie den Schulterschluss mit den alten Eliten. Als erstes propagandistisches Großereignis der neuen Regierung organisierten Goebbels' PR-Experten am 21. März 1933 den „Tag von Potsdam". Vor der Potsdamer Garnisonskirche verbeugte sich der im staatsmännischen Frack gekleidete Hitler tief vor dem greisen Hindenburg, der die ordensübersäte Paradeuniform eines preußischen Feldmarschalls samt Pickelhaube trug. Hitlers braune Bewegung, die ursprünglich aus Bayern stammte, stellte sich in die Nachfolge

Preußens. Leider ist nur wenigen Zeitgenossen die Ironie aufgefallen, die in dieser Geschichtsklitterung lag.

Zwei Tage später wurde das „Ermächtigungsgesetz" verkündet. Es kam mit Unterstützung des Zentrums und aller noch im Reichstag vertretenen Parteien außer der SPD zustande. Die Katholiken hofften, Hitler so zu Zugeständnissen für ihre Kirche bewegen zu können.

Jetzt wurde nicht nur die Presse gleichgeschaltet. Das neue Gesetz ermöglichte es Hitler, Reichskommissare für alle deutschen Länder einzusetzen. Nun galt der Grundsatz: „ein Volk – ein Reich – ein Führer". Die föderale Struktur Deutschlands war zerschlagen. Das „Dritte Reich" entstand. Es sollte nach dem Willen seines Schöpfers tausend Jahre Bestand haben.

Anfang April 1933 kam das „Gesetz zur Wiederherstellung des Berufsbeamtentums". Es wurde ein „Arierparagraph" eingeführt, nach dem jüdische und politisch unbequeme Beamte zunächst in den Ruhestand versetzt wurden. Dieses Gesetz stand am Beginn einer ganzen Reihe von anti-jüdischen Maßnahmen. Den Juden sollte in Deutschland Schritt für Schritt die Existenzmöglichkeit entzogen werden. Der Antisemitismus, der bereits bei der Verkündung des Parteiprogramms der NSDAP eine wichtige Rolle gespielt hatte, wurde endgültig zur Staatsdoktrin.

Unter der Losung „Deutsche, wehrt Euch! Kauft nicht bei Juden!" versuchte die SA ab dem 1. April 1933 mögliche Kunden daran zu hindern, die Geschäfte von Juden zu betreten. Viele Bürger ließen sich aber von SA-Posten vor diesen Geschäften nicht abschrecken. Es kam sogar zu einer Solidarisierungswelle mit den bedrängten jüdischen Geschäftsleuten. Als dann auch noch im Ausland die Kritik am „Judenboykott" immer lauter wurde, ließ Goebbels die ganze Aktion nach wenigen Tagen abblasen.

Den 1. Mai 1933 hatte die NS-Führung zum gesetzlichen Feiertag erklärt. Die Vereinnahmung des traditionellen „Kampftages der Arbeiterklasse" sollte den sozialistischen Charakter der NSDAP herausstellen. Am 2. Mai folgte dann der Schlag gegen die Arbeiterbewegung. Die Gewerkschaften wurden verboten, ihr Vermögen eingezogen und die Funktionäre verhaftet. An die Stelle der Gewerkschaften trat die „NS-Betriebszellenorganisation". Die organisierte Arbeitnehmerschaft sollte so gleichgeschaltet werden.

Mit der Gründung der „Deutschen Arbeitsfront" (DAF) am 10. Mai 1933 unter Robert Ley, dessen Spitzname „Reichstrunkenbold" war, wurde dieser Prozess abgeschlossen. Arbeitgeber und Arbeitnehmer wurden in diese Organisation gezwungen. Zuletzt war sie mit 25 Millionen Zwangsmitgliedern die größte NS-Organisation. Die Tarifhoheit wanderte von den Tarifparteien zu den von der Partei eingesetzten „Treuhändlern der Arbeit". Die Tarifrechte wurden damit abgeschafft. Die Löhne sollten während der NS-Zeit nicht mehr angehoben werden.

Am 10. Mai 1933 organisierte die NS-dominierte „Deutsche Studentenschaft" in mehreren Universitätsstädten eine öffentliche Bücherverbrennung. Der „undeutsche Geist" sollte im neuen NS-Staat keinen Platz mehr haben. Studenten warfen mit „Feuersprüchen" Bücher von Karl Marx, Sigmund Freud und anderen missliebigen, zumeist jüdischen, demokratischen und pazifistischen Schriftstellern auf hastig errichtete Scheiterhaufen. Überall in den Universitätsstädten wurden zwölf Thesen gegen den „undeutschen Geist" verkündet. Goebbels, der die Schandveranstaltung initiiert hatte, hielt in Berlin eine Schmährede auf die verfemten Autoren. Das akademische Schmierenstück stieß in der breiten Öffentlichkeit auf wenig Interesse. Es machte aber gleichwohl „den Anspruch der NSDAP auf kulturelle Hegemonie"[20] deutlich. Und es zeigte noch etwas: die Universitäten konnten der nationalsozialistischen Kulturrevolution wenig entgegensetzen. Sie ließen sich fast ohne jedes Aufbegehren gleichschalten.

Die nationalsozialistische Revolution griff immer weiter um sich. Im Juni 1933 lösten sich die mit Hitler verbündeten rechtsnationalen und nationalistischen Parteien auf, und ihre Mitglieder traten der NSDAP bei. Am 1. Juli 1933 wurde der „Stahlhelm", eine paramilitärische nationalistische Massenorganisation, der SA unterstellt.

Um die Entstehung einer politischen Alternative zu verhindern, wurde Mitte Juli 1933 das „Gesetz gegen die Neubildung von Parteien" verabschiedet. Die gesamten antidemokratischen und rechten Gruppierungen der Weimarer Zeit waren unter dem Dach der NSDAP vereint. Es gab für diesen Teil des gesellschaftlichen Spektrums keine Alternative mehr zu Hitler.

Die NSDAP fühlte sich nun, im Juli 1933, stark genug, einen Teil ihrer rassistischen Vorstellungen in Gesetzesform zu gießen. Mit dem „Erbgesundheitsgesetz zur Verhinderung erbkranken Nachwuchses" wurde es möglich, Menschen zwangssterilisieren zu lassen, die nicht in die Vorstellungen der braunen „Herrenmenschen" von ihrer „Volksgemeinschaft" passten. Bis 1945 wurden ungefähr 400 000 sogenannte „Ballastexistenzen" unfruchtbar

---

20   Benz, S. 32.

gemacht. Dazu gehörten neben Behinderten auch Alkoholiker, „Asoziale" und „rassisch minderwertige", also Slawen, Juden und „Zigeuner".

Ebenfalls im Juli 1933 gelang es Hitler, einen ersten außenpolitischen Erfolg zu feiern. Am 20. Juli wurde das Konkordat zwischen Deutschland und der katholischen Kirche unterzeichnet. Damit schloss der Vatikan als erster ausländischer Staat ein internationales Abkommen mit dem sogenannten Dritten Reich. Der katholischen Kirche wurde die Freiheit des religiösen Bekenntnisses zugesichert und es gab eine Bestandsgarantie für katholische Organisationen, Vereine und Bekenntnisschulen. Religionsunterricht konnte weiter erteilt werden.

Für sein Entgegenkommen verlangte Hitler allerdings einen hohen Preis. Die Bischöfe mussten einen Treue-Eid auf die Reichsregierung ablegen. Damit wurde ihnen jegliche politische Betätigung untersagt. Der politische Katholizismus wurde mit einem Schlag mundtot gemacht. Das Abkommen hatte auf das Zentrum und die Bayrische Volkspartei die gleiche Wirkung wie der Hitler-Stalin-Pakt 1939 auf den kommunistischen Widerstand.

Die Haltung der katholischen Bischöfe zu Hitler war ambivalent. Zu Beginn des Jahres 1931 hatten die bayrischen und die rheinischen Bischöfe eine Erklärung über den Nationalsozialismus veröffentlicht. Sie lehnten den Rassismus und Antisemitismus der Hitlerpartei ab. Im Kampf gegen die KPD gab es hingegen gemeinsame Interessen. Am Ende waren aber die Bedenken gegen die kirchenfeindlichen und neuheidnischen Aspekte der NS-Ideologie stärker. Die Bischöfe verurteilten den Nationalsozialismus und verboten es ihren Gläubigen, der NSDAP beizutreten.

Am 28. März 1933 nahmen die Bischöfe in einer gemeinsamen Erklärung ihre Warnung vor Hitler und vor der NS-Ideologie offiziell zurück. Von ihren Gläubigen forderten sie nun „Treue gegenüber der rechtmäßigen Obrigkeit". Sie erklärten sich mit der neuen Regierung einverstanden, nachdem Hitler öffentlich erklärt hatte, dass er die Rechte der Kirche und der katholischen Glaubenslehre achten werde. Für die Bischöfe kam es jetzt darauf an, dass die Rechte der Kirche durch ein Konkordat mit dem Vatikan abgesichert wurden. Sie waren bereit, die katholischen Parteien dafür zu opfern. Sie erkannten nicht, dass sie Hitler damit nur in die Hände spielten.

Durch das Konkordat außenpolitisch gestärkt, führte das NS-Regime einen weiteren Schlag gegen Oppositionelle und jüdische Deutsche. Mit dem „Gesetz über den Widerruf von Einbürgerungen und die Aberkennung der deutschen Staatsangehörigkeit" war es möglich, aus deutschen Staatsbürgern staatenlose Exilanten zu machen. Das Gesetz richtete sich vor allem gegen eingebürgerte Juden, die aus Osteuropa, besonders aus Russland, stammten und vor dortigen Pogromen geflüchtet waren. Ihnen wurde vorgeworfen, dass sie „durch ein Verhalten, das gegen die Pflicht zur Treue gegen Reich und Volk verstößt, die deutschen Belange geschädigt haben".[21] Die bewusst vage gehaltenen Bestimmungen des Gesetzes erlaubten es, unschuldige Menschen, denen man bei der Ausreise durch hohe Steuern und Abgaben ihr Vermögen geraubt hatte, aus Deutschland zu vertreiben. Das Gesetz bildete die Blaupause für die sich immer weiter verschärfenden antijüdischen Maßnahmen. Der national-

---

21   Benz, S. 39.

sozialistische „Verfolgerstaat"[22] zeigte zum ersten Mal sein wahres Gesicht.

Zur Berliner Funkausstellung im August 1933 wurde der „Volksempfänger 301" vorgestellt. Das auch für Arbeiterfamilien erschwingliche Gerät sollte das erste einer ganzen Reihe von „Volks"-produkten sein. Der in der NS-Zeit nicht mehr ausgelieferte Volkswagen ist das bekannteste von ihnen. Mit dem von einem Konsortium der deutschen Rundfunkindustrie gefertigten und von der Regierung geförderten Gerät stand Goebbels ein Medium zur Verfügung, mit dem er die Massen direkt beeinflussen konnte. Der Volksempfänger wurde zwar als „Goebbels-schnauze" verspottet, trotzdem aber in Massen gekauft.[23] Die NS-Propaganda stand am Beginn der modernen Massenkommunikation.

Am Ende des Sommers 1933 war die NS-Herrschaft so weit gefestigt, dass die Partei in Nürnberg ihren „Reichsparteitag des Sieges" begehen konnte. Hitler war am Ziel. Bis zum Ende des Jahres traten 1,5 Millionen Deutsche neu in die Partei ein. Die Gesamtzahl der „Parteigenossen" stieg damit auf 2,5 Millionen an. Bis 1945 sollten es schließlich 8,5 Millionen Mitglieder sein.

Der neue Staat sprach besonders junge Leute an. Der Nationalsozialismus hatte den Charakter einer Jugendbewegung. Joachim C. Fest schreibt dazu:

---

22   Alfons Kenkmann: Zwischen Nonkonformität und Widerstand. Abweichendes Verhalten unter nationalsozialistischer Herrschaft. In: Diemar Süß u. Winfried Süß: Das „Dritte Reich". Eine Einführung. München 2008 S. 143-165, hier S.148; zit. als Süß/Süß.

23   Ein weiterer Witz lautete: „Was ist der Unterschied zwischen einem Volksempfänger und einem Großradio? Im Volksempfänger hört man ‚Deutschland über alles' im Großradio alles über Deutschland."

„Im Jahre 1931 waren siebzig Prozent der Berliner SA-Leute unter dreißig [...] Goebbels wurde mit achtundzwanzig, Karl Kaufmann mit fünfundzwanzig Jahren Gauleiter, Baldur v. Schirach war achtundzwanzig, als er zum Reichsjugendführer ernannt wurde, und Himmler nur zwei Jahre älter bei seiner Beförderung zum Reichsführer-SS."[24]

Selbst Hitler war mit 43 Jahren bei seiner Ernennung zum Reichskanzler sehr jung.

Die Massenarbeitslosigkeit betraf vor allem junge Menschen. Hier entstand ein sozialrevolutionäres Potenzial, das besonders die Hitlerbewegung nutzen konnte. Noch einmal Joachim C. Fest:

„Naturgemäß war die Generation der Achtzehn- bis Dreißigjährigen, deren Ehrgeiz und Bewährungswille angesichts der herrschenden Massenarbeitslosigkeit ins Leere lief, von der Krise besonders getroffen. Radikal und wirklichkeitsflüchtig zugleich bildeten sie ein riesiges aggressives Potential. Sie verachteten ihre Umwelt, die Elternhäuser, Erzieher und angestammten Autoritäten, die verzweifelt immer nur die alte bürgerliche Ordnung wiederherstellen wollten, über die sie längst hinaus waren. [...] die NSDAP [...] wurde [... zu] einer Jugendbewegung eigenen Stils."[25]

In diese revolutionär gesinnte Jugendbewegung sollten bereits Kinder aufgenommen werden. Noch in der sogenannten „Kampfzeit", also vor der Machtübertragung an Hitler, entstand die „Hitlerjugend" oder HJ. Das Vorbild

---

24   Fest, S. 387.
25   ebd.

für die 1929 gegründete HJ war der sowjetische Jugendverband. In der Sowjetunion wurde die Jugend auf Stalin
eingeschworen. Die Hitlerjungen sollten dem NSDAP-
Führer die Treue geloben. Am sowjetischen Beispiel hatte
die Parteiführung erkannt, wie wichtig es war, Kinder und
Jugendliche in die Partei einzubinden, um sie im Sinne der
NS-Ideologie zu prägen. In einer späteren Rede hat Hitler
dargelegt, wie er sich die deutsche Jugend vorstellte:

„Eine gewalttätige, herrische, unerschrockene, grausame
Jugend will ich [...]. Jugend muss alles sein, Schmerzen
muss sie ertragen. Es darf nichts Schwaches und Zärtli-
ches an ihr sein!"[26]

Die deutschen Kinder und Jugendlichen sollten zu einem
Volk von „Herrenmenschen" geformt werden, mit dem
Hitler seine größenwahnsinnigen Welteroberungspläne
in die Tat umzusetzen gedachte.

Die Gedanken Hitlers finden sich in der Hitler-Jugend-
Hymne wieder. Mit den Fanfarenstößen dieses Liedes
werden die Kinder und Jugendlichen zum „Opfertod" für
den „Führer" und das Vaterland aufgerufen:

„Vorwärts, vorwärts!
Schmettern die hellen Fanfaren
Vorwärts! Vorwärts!
Jugend kennt keine Gefahren!
Deutschland, du musst leuchtend stehn,
müssen wir auch untergehen.

---

26 Susan Campbell Bartoletti: Jugend im Nationalsozialismus. Zwischen
Faszination und Widerstand. Bonn 2008, S. 66.

Unsre Fahne flattert uns voran,
in die Zukunft zieh'n wir Mann für Mann
Wir marschieren für Hitler durch Nacht und durch Not
Mit der Fahne der Jugend für Freiheit und Brot [...].

Unsere Fahne flattert uns voran,
unsere Fahne ist die neue Zeit,
unsere Fahne führt uns in die Ewigkeit
ja, die Fahne ist mehr als der Tod.[27]

Selten ist die jugendliche Energie schamloser missbraucht worden. Als es mit dem NS-Regime zu Ende ging, wurde noch hastig eine Waffen-SS-Division „Hitlerjugend" aufgestellt. Mit diesem furchtbaren Lied wurden fanatisierte Jugendliche in den aussichtslosen Kampf gegen einen überlegenen Feind geschickt.

Um Kinder und Jugendliche zu begeistern, ging die HJ-Führung psychologisch geschickt vor. In der Organisation galt das Prinzip: „Jugend wird durch Jugend geführt." Zu einer Zeit, in der Jugendliche durch das Elternhaus, die Schule und die Lehrherren vielfach gegängelt wurden, hatte dieses scheinbare Freiheitsversprechen eine gewaltige Anziehungskraft.

Die Jugendorganisation der NSDAP gliederte sich in zwei Teile. Im „Jungvolk" waren Jungen im Alter von sechs bis 14 Jahren, die „Pimpfe". Die eigentliche Hitlerjugend bildeten männliche Jugendliche zwischen 14 und 18 Jahren.

Bereits im Frühjahr 1933 schlug die Hitlerjugend los. Am 4. April 1933 stürmten Hitlerjungen unter der

---

27 Dumbach/Newborn, S.52,

Führung von Baldur von Schirach die Berliner Büros des „Reichsausschusses der deutschen Jugendverbände". Dabei wurden die Akten von sechs Millionen Angehörigen der Jugendverbände beschlagnahmt. 400 Jugendverbände verschwanden darauf, manche von ihnen verschmolzen mit der HJ. Die deutsche Jugendbewegung wurde „gleichgeschaltet". Für diese Tat wurde Baldur von Schirach von Hitler zum „Reichsjugendführer" ernannt. Bereits 1934 hatten HJ und BDM vier Millionen Mitglieder. Der Nationalsozialismus begann, die deutsche Jugend immer stärker zu durchdringen.

Die HJ hatte allerdings auch einiges zu bieten. Mit zwölf Jahren konnten „Pimpfe" beispielsweise für spezielle nationalsozialistische Eliteschulen ausgewählt werden. Die Adolf-Hitler-Schulen legten ihren Schwerpunkt auf körperliche Fitness und die Loyalität zum „Führer". Für die „Napolas" (national-politische Schulen) hatte eine militärische Ausbildung die größte Bedeutung. Auf sogenannten Ordensburgen sollte der Führungsnachwuchs für ein zukünftiges deutsches Großreich ausgebildet werden.

In diesen Parteischulen sollte die junge Elite herangezogen, und das Bildungsmonopol der bürgerlichen Gymnasien gebrochen werden. Eine umfassende Erziehung im Geist der herrschenden Ideologie sollte ausgesuchte Jugendliche befähigen, den Anforderungen der nationalsozialistischen „neuen Zeit" gerecht zu werden.

1931, also etwas später als die HJ, wurde auch die „NS-Frauenschaft" gegründet. Hitler war anfangs gegen die politische Betätigung von Frauen. Nach seiner Vorstellung sollten sich im neuen völkischen Staat die Frauen „artgemäß" verhalten. Sie sollten durch ihre „Kraft des

Gemütes"[28] ihrem Mann das Leben verschönern, möglichst viele Kinder bekommen und ihr Heim versorgen. Die deutsche Frau sollte in ihrer „kleinen Welt"[29] verbleiben.

Innerhalb der NS-Frauenschaft war der „Bund deutscher Mädel", der BDM, für weibliche Jugendliche ab 14 Jahren zuständig. Für junge Frauen ab 17 Jahren gab es die Organisation „Glaube und Schönheit". Mit „Glaube" war natürlich keine religiöse Bindung gemeint, sondern blindes Vertrauen in die NS-Ideologie und auf die Weisheit des „Führers". „Glaube und Schönheit" sollte die ideale „Volksgenossin" auszeichnen.

Dem herrschenden Frauenbild zum Trotz bot aber gerade der BDM jungen Frauen vielfache Karrieremöglichkeiten. BDM-Mädel konnten zur BDM-Führerin aufsteigen und es gab sogar BDM-Berufsfunktionärinnen. Die zahlreichen Verästelungen des NS-Staates ermöglichten vielen „Volksgenossinnen", sich professionell zu engagieren. Nur die höchsten Stellen in Partei und Staat blieben Frauen verwehrt.

In Ulm ließ sich die sechszehnjährige Inge Scholl vom Schwung der NS-Bewegung hinreißen. Bereits 1933 trat sie dem BDM bei. Wie sie in ihrem Erinnerungsbuch „Die Weiße Rose" schreibt, war sie anfangs begeistert über die gepredigte „Vaterlandsliebe" und „Volksgemeinschaft".

Der Historiker Sönke Zankel hat ihre Tagebücher aus dieser Zeit ausgewertet. Sie schildert darin einen jungmädchenhaft-erotischen Traum. Sie wird darin von einem „starken, kräftigen SA-Mann"[30] vor den „Bolschewisten"

---

28 Rede von 1934, zit. nach Süß/Süß, S.105.
29 ebd.
30 Zit. nach: Zankel, S. 7.

gerettet. „Das Andenken des SA-Mannes, der mir einmal im Traum das Leben gerettet hat, will ich heilig halten."[31] Für viele Frauen hatte die Begeisterung für den Nationalsozialismus durchaus eine erotische Komponente. Schließlich waren auf den Parteiveranstaltungen viele stramme SA-Männer zu bewundern. Und Hitler selbst blieb unverheiratet, um wie mancher moderne Popstar eine Projektionsfläche für weibliche Sehnsüchte zu bieten.[32]

Der Nationalsozialismus hatte in manchen Aspekten den Charakter eines Pop-Phänomens. Da waren nicht nur die durchchoreografierten Massen-Events der Reichsparteitage, sondern auch die Art und Weise, wie sich Hitler in Szene setzte. Ihn umgab dieselbe Aura des Unnahbaren, Mysteriösen und Geniehaften, die auch manchen „Gitarrengott" auszeichnet. Eine inszenierte Magie des Diktators Adolf Hitler hielt während zwölf langer Jahre nationalsozialistischer Terrorherrschaft einen zu großen Teil des Volkes in seinem Bann.

Inge Scholl machte Karriere beim BDM. Sie stieg zur „Ringführerin" auf und leitete bald die Hälfte der Ulmer „Jungmädel". Ihre Begeisterung steckte an. Ihre jüngeren Geschwister Hans und Sophie traten kurze Zeit später den NS-Jugendorganisationen bei.

Diese Entscheidung seiner Kinder muss für Robert Scholl ein schwerer Schlag gewesen sein. Immer wieder hatte er seine Kinder vor Hitler und seiner Partei gewarnt:

---

31 Zit. nach: Zankel ebd.
32 An Hitler gingen auch zahlreiche Liebesbriefe, die von Parteistellen gesammelt und ausgewertet wurden, um die Stimmung im Volk zu analysieren.

„Glaubt ihnen nicht, sie sind Wölfe und Bärentreiber, und sie missbrauchen das deutsche Volk schrecklich."[33]

Robert Scholl befürchtete, dass auch seine Kinder von den nationalsozialistischen Rattenfängern ins Verderben geführt würden.[34] Er sollte auf schreckliche Weise recht behalten. Trotzdem kaufte er seinen Kindern die erforderliche Partei-Montur. Die Uniformen wurden nämlich nicht von der NSDAP gestellt. Auch das begehrte HJ-Fahrtenmesser, das extra verliehen wurde, musste von den Eltern bezahlt werden. Nur Kinder aus besonders bedürftigen oder kinderreichen Familien erhielten Uniform und Messer gratis.

Vielleicht glaubte der liberal denkende Vater, dass seine Kinder ihre negativen Erfahrungen mit den Nationalsozialisten selbst machen müssten, um von ihrem Irrweg abzukommen. Und auch hier sollte er recht behalten.

Doch zunächst machte Hans Scholl ebenfalls Karriere in der HJ. 1935 durfte der groß gewachsene und sportliche Junge als Fahnenträger der Ulmer HJ-Einheit am NS-Reichsparteitag in Nürnberg teilnehmen.

Er erlebte dort die Verkündung der Nürnberger Gesetze mit. Nach dem „Reichsbürgergesetz" konnten nur noch „Deutschblütige" Reichsbürger sein, die deutschen Juden waren demnach nur „Staatsangehörige". Im „Gesetz zum Schutz des deutschen Blutes und der deutschen Ehre" wurde bestimmt, wer ein „Viertel"-, „Halb"- oder „Volljude" sei. Die Heirat zwischen Juden und „Ariern" wurde verboten und die „Rassenschande"

---

33   Scholl, S. 14.
34   Scholl, ebd.

(Verkehr zwischen „Ariern" und Juden) unter Strafe gestellt. Um eine öffentliche Anstellung zu bekommen, musste man ab sofort einen „Ariernachweis" (Beweis einer nicht-jüdischen Abstammung bis zu den Urgroßeltern) vorlegen. Beamte, die als „nichtarische Frontkämpfer" vorerst weiterbeschäftigt worden waren, verloren nun ihre Stellung und wurden in den Ruhestand versetzt.

Mit den Nürnberger Gesetzen schuf die NS-Justiz eine rechtliche Grundlage für die deutschen Behörden, nach der die Juden in Deutschland ab sofort systematisch verfolgt werden konnten. Es ist typisch für die NS-Justiz, dass die Vertreibung der Juden nach Recht und Gesetz von statten gehen sollte. Hitlerdeutschland war juristisch betrachtet kein Willkürstaat. In Folge dieser Gesetze verließen 170 000 deutsche Juden bis 1938 ihre Heimat. Die jüdische Gemeinschaft in Deutschland verlor damit ungefähr ein Drittel ihrer Mitglieder.

Inge Scholl schreibt, dass die Teilnahme am Reichsparteitag eine große Enttäuschung für Hans bedeutete. Ihn störte der Drill und die Anweisung, ständig die Uniform tragen zu müssen. Es gab für die Teilnehmer am Reichsparteitag keine Zeit für private Dinge, sondern nur Kommandos und stundenlanges Antreten. Auch fand er, dass durch das Gelöbnis der absoluten Treue zu Hitler der Treuebegriff selbst pervertiert wurde. Wichtiger noch als die Treue zum Führer müsste doch die Treue zu sich selbst sein.[35]

Hier wird ein Charakterzug deutlich, der Hans und seine Geschwister auszeichnete: ein starkes Selbstbewusstsein und ein Individualismus, der sich letztendlich

---

35   Scholl, S. 16.

gegen das Bestreben der Nationalsozialisten wenden musste, ein ganzes Volk einheitlich in eine Uniform zu pressen.

Vorerst allerdings war die Begeisterung für die „neue Zeit" stärker. Hans fiel seinen Vorgesetzten auf. Sie erkannten, dass er über ein natürliches Führungstalent verfügte und dass er ein guter Organisator war. Deshalb wurde er zum „Fähnleinführer" ernannt und erhielt das Kommando über 150 „Pimpfe".

Auch in dieser Funktion zeigte sich sein ausgeprägter Individualismus. Wenn er mit seinen Untergebenen „Fahrten", also mehrtägige Wanderungen unternahm, spielte er ihnen auf der Gitarre selbst zusammengestellte Volkslieder vor und sang mit ihnen. Darunter waren neben skandinavischen Weisen auch russische Lieder. Manchmal sang Hans mit seinen „Pimpfen" sogar amerikanische Folk- und Countrysongs. Er verstieß damit bewusst gegen das Verbot von „fremdrassischen" Liedern. Die Schönheit eines Liedes war für ihn wichtiger als der „rassische Aspekt". Trotz seiner anhaltenden Begeisterung für den „Führer", begann er sich langsam aus den geistigen Fesseln der NS-Ideologie zu lösen.

Hans Scholl bestimmte auch als HJ-Führer selbst, was er las. NS-Schriftsteller interessierten ihn meistens nicht. Einmal bekam er großen Ärger, als man Stephan Zweigs „Sternstunden der Menschheit" bei ihm entdeckte. Das in Deutschland verbotene Werk des bekannten jüdischen Autors war sein Lieblingsbuch. Ein weiterer Lieblingsschriftsteller zu dieser Zeit war der von den Nazis verfemte pazifistische Autor Friedrich Franz von Unruh.

Desweiteren begeisterte er sich für die Werke von Rilke, Stefan George, Hermann Hesse, Hölderlin und

Nietzsche. Hans Scholl las damit den zeittypischen Lektüre-Kanon eines jungen Mannes aus einer bildungsbürgerlichen, demokratisch geprägten Familie. Völkische oder nationalsozialistische Schriftsteller fehlen in der von seiner Schwester Inge überlieferten Leseliste. Ungewöhnlich für Scholls familiären Hintergrund war die Lektüre von Pascal, Laotse und der „Heldenfibel" von *tusk*. Trotz einzelner negativer Erfahrungen blieb Hans Scholl ein glühender Anhänger des Nationalsozialismus. Er hatte ein teures Hitlerbild, das er zum Ärger seines Vaters in seinem Zimmer aufhängte.

Erst nach einiger Zeit kam es zu einem Ereignis, das diese Begeisterung empfindlich trübte. In „Die Weiße Rose" schildert Inge Scholl den Vorfall: Der Fähnleinführer Scholl ließ für seine Abteilung eine eigene Fahne nähen. Das prächtige neue Feldzeichen zierte nicht nur das Hakenkreuz, sondern auch noch ein Greif, also ein mythischer Vogel. Die Fahne wurde wie üblich dem „Führer" geweiht. Die Jungen seiner Abteilung wurden auf sie vereidigt. Auch die Greifenfahne sollte mehr sein „als der Tod", wie es in der HJ-Hymne hieß.

Dieses Aus-der-Reihe-Tanzen wurde natürlich nicht geduldet. Der Vorgesetzte von Hans Scholl, der Stammführer, lehnte die neue Fahne ab. Das Fähnlein sollte nur die vorgeschriebene Fahne mit sich führen. Beim Appell sagte der Stammführer: „Ihr braucht keine besondere Fahne. Haltet euch an die, die für alle vorgeschrieben ist!"[36] Dann versuchte er, dem Fahnenträger die falsche Fahne abzunehmen. Hans gab dem Stammführer eine kräftige Ohrfeige. Im darauffolgenden Disziplinarverfah-

---

36   Scholl, S. 16.

ren wurde er degradiert. Der Zwang zur Uniformität ließ keine Individualität zu.

Hans Scholl hatte eine Lektion für das Leben erhalten. Er erkannte, dass der Dienst in der HJ nicht vereinbar war mit den Erziehungsgrundsätzen seines Vaters, die ihn geprägt hatten. Auf einem Frühlingsspaziergang hatte Robert Scholl seinen Kindern gesagt:

„Ich möchte nur, dass ihr gerad und frei durchs Leben geht, wenn es auch schwer ist."[37]

Weitere Ereignisse ließen ihn und seine Geschwister nachdenklich werden. Ein regimekritischer Lehrer verschwand auf Nimmerwiedersehen, nachdem er vor einem Zug von SA-Männern antreten musste. Die vorbeimarschierenden Parteisoldaten spuckten ihm einzeln ins Gesicht.

Robert Scholl bezeichnete das Vorgehen der Nazis gegenüber seinen Kindern als „Krieg. Krieg mitten im Frieden und im eigenen Volk. Krieg gegen den wehrlosen, einzelnen Menschen. Krieg gegen das Glück und die Freiheit seiner Kinder. Es ist ein furchtbares Verbrechen."[38]

Es ist bezeichnend, dass Robert Scholl trotz dieser regimefeindlichen Äußerungen nicht von seinen Kindern bei der Gestapo angezeigt wurde, was oft genug vorkam. Der unbedingte Zusammenhalt, der diese Familie prägte, war stärker als die faschistische Versuchung. Bei den Geschwistern musste in dieser Zeit ein Reflexionsprozess einsetzen, der sie vom Nationalsozialismus wegführte. Am Ende dieser Entwicklung stand der Weg in den Widerstand.

---

37 Scholl, S. 18.
38 Scholl, S. 18.

Zunehmende
Distanzierung

In der HJ kam Hans Scholl in Kontakt mit einem im Verborgenen agierenden Jungenzirkel, der Deutschen Jungenschaft vom 1. 11. („d. j. 1.11"). Diese Gruppierung bestand aus ehemaligen Mitgliedern der bündischen Jugend. Die bündische Jugend war eine Organisation, die sich auf die deutsche Jugendbewegung der Vorkriegszeit berief.

In der Zeit vor 1900 schlossen sich bürgerliche Jugendliche zu Vereinigungen zusammen, in denen man sich traf, zusammen musizierte und lange, teilweise mehrwöchige, Wanderungen unternahm. In den allermeisten Vereinigungen wurden Jungen und Mädchen getrennt, so wie es damals üblich war. Hier fanden die jungen Männer eine Möglichkeit, wenigstens zeitweise den Zwängen der bürgerlichen Gesellschaft zu entfliehen. Kameradschaft trat an die Stelle von Konkurrenzdenken. Eine neuromantische Liebe zur Natur, zum einfachen Leben und zur deutschen Heimat ersetzte den schulischen Leistungsdruck. Diese kunterbunten und selbst verwalteten Organisationen, die bekannteste von ihnen ist der „Wandervogel", zogen singend „Aus grauer Städte Mauern" und suchten die Befreiung von schulischem Zwang und elterlicher Bevormundung.

In ihrem Umfeld entstand eine eigene Kultur mit einer eigenen Kluft, eigenen Ritualen, einer eigenen Sprache und eigenen Liedern. Die „Fahrtenlieder" des Wandervogels erzählten vom freien und unbürgerlichen Leben der Vagabunden, Seeleute und Landsknechte. Sie griffen dazu auf Melodien zurück, die oft schon sehr alt waren. Mit Landsknechtliedern und anderen Volksliedern wollte man auf eine verschüttete antibürgerliche deutsche Kulturtradition zurückgreifen.

Der Wandervogel und seine lokalen Unterorganisationen wollten eine unpolitische, überkonfessionelle Vereinigung von Bürgerkindern sein. Dem Zeitgeist der deutschen Kaiserzeit entsprechend waren seine Mitglieder allerdings oft antisemitisch und deutschnational eingestellt. Man grenzte sich ab von den anderen kirchlichen, sozialdemokratischen und gewerkschaftlichen Jugendvereinigungen, die eigene politische Forderungen nach einer Reform der verkrusteten Gesellschaft aufstellten. In den Jahren vor dem Ersten Weltkrieg schuf sich die Wandervogelbewegung eine eigene Infrastruktur. Die Jugendherbergen gehen auf diese Zeit zurück.

Die idealistischen Wandervögel meldeten sich in Scharen freiwillig, als der Erste Weltkrieg begann. Sie freuten sich darauf, ihre Liebe zur deutschen Kultur und zur deutschen Heimat tatkräftig unter Beweis stellen zu können und sie hofften, dass der Krieg die verhasste bürgerliche Gesellschaft in eine völkische Gemeinschaft verwandelte, in der die Werte des Wandervogels galten. Eine neue, bessere Welt sollte nach dem deutschen Sieg entstehen. Die meisten der Träumer kehrten nicht zurück.

Die Ideen des Wandervogels wurden in der Weimarer Republik von einer neuen Generation von Bürgerkindern aufgegriffen. Es entstanden verschiedene Jugendbünde, die sich in Kleidung, Ritualen und Liedern von einander unterschieden. Als Gemeinsamkeit hatten sie die Fahrten und die Ausrichtung auf ein bürgerliches Publikum. Sie standen politisch auf der rechts-nationalen Seite und damit oftmals der HJ nahe.

Die NS-Vereinigung hatte manche Merkmale der bündischen Jugend wie einzelne Symbole, die Landsknecht-trommeln und einige Feuerrituale übernommen. Die Übergänge zwischen bündischer Jugend und HJ waren fließend. Hans Scholl lernte die bündische Jugend deshalb ausgerechnet in der HJ kennen.

Um einer Gleichschaltung und einer Zwangseingliederung in die HJ zu entgehen, schloss sich am 30. März 1933 ein wichtiger Teil der Bünde zum Großdeutschen Bund zusammen. Vorsitzender wurde der ehemalige Vizeadmiral von Trotha. Ganz im Stil der „neuen Zeit" verkündete die Bundesführung, man wolle „um die Eingliederung in die nationalsozialistische Bewegung und um den bündischen Lebensraum" kämpfen.[39]

Gleich am Tag seiner Ernennung zum Reichsjugendführer verbot Baldur von Schirach den Großdeutschen Bund. Auch alle anderen Organisationen der bündischen Jugend wurden verboten, mit Ausnahme der völkischen „Artamanen", denen der SS-Führer Heinrich Himmler angehört hatte.

---

39 Wolfgang Benz und Walter H. Pehle: Lexikon des deutschen Widerstands. Frankfurt am Main ²2004, S. 104; zit. als Benz/Pehle.

Die HJ-Führung hatte damit einige mitgliederstarke Konkurrenzorganisationen beseitigt. Nach dem Sieg des Nationalsozialismus durfte es nur noch eine staatliche Jugendorganisation geben. Die ehemaligen Mitglieder der bündischen Jugend sollten deswegen in die HJ eintreten.

Eberhard Koebel, der Anführer der bündischen Deutschen Jungenschaft vom 1. 11. (d. j. 1. 11) forderte die Mitglieder seiner Gruppierung auf, der HJ beizutreten. Koebel, der sich *tusk* nannte, gehörte, was für einen Bündischen eher ungewöhnlich war, vor 1933 der KPD an. Nach Hitlers Machtübernahme trat er zu den Nationalsozialisten über. Innerhalb der HJ sollten die d. j. 1. 11-Mitglieder eine Art geheimen Orden bilden. Sie sollten eine geistige Elite darstellen, die sich von der Masse der Hitlerjungen absetzen sollte. Die „Ideale von Autonomie und Einsatzbereitschaft"[40], die *tusk* in seinen unter der Hand zirkulierenden Schriften predigte, hatten auf junge Intellektuelle wie Hans Scholl eine große Anziehungskraft. Das Konzept einer „Kulturelite"[41] innerhalb der HJ fiel bei ihm auf fruchtbaren Boden.

Den Kulturelite-Gedanken hat Hans Scholl später für seine Widerstandsaktionen übernommen. Die gemeinsam mit Alexander Schmorell verfassten ersten vier und mit „die Weiße Rose" unterzeichneten Flugblätter richteten sich in ihrem Duktus an Gebildete. Scholl wollte zu diesem Zeitpunkt die kulturelle Elite, und erst später das ganze deutsche Volk zum Widerstand gegen die NS-Herrschaft aufrufen. Von der Masse des Volkers

---

40   Benz/Pehle, S. 105.
41   Benz/Pehle ebd.

versprach er sich vorerst nichts. Nur von der Bildungselite konnte seiner Meinung nach eine Wende zum Besseren ausgehen.

tusk Koebel wurde 1934 verhaftet, nach zwei Selbstmordversuchen freigelassen und ging ins Exil. Von dort aus versuchte er weiterhin Kontakt zu seiner Gruppe zu halten.

Die d. j. 1. 11 unterschied sich in einigen Punkten von der HJ. In ihren Schriften wurde die moderne Kleinschreibung praktiziert, ein Stilmittel, das in der NS-Zeit als „undeutsch" galt. Auf ihren Fahrten führten die Mitglieder der *tusk*-Gruppe sogenannte Kohten mit, Lappenzelte, die wie indianische Wigwams aussahen und die sich stark von den Militärzelten der HJ unterschieden. Außerhalb des HJ-Dienstes trugen sie eigene, von *tusk* entworfene „Jungenschafthemden". Sie machten nicht nur HJ-Dienst, sondern unternahmen auch gerne Wandertouren auf eigene Faust.

Hans Scholl, der durch seine natürliche Ausstrahlung gut Menschen an sich binden konnte, scharte einen Kreis von Jungen um sich. Gemeinsam mit ihnen unternahm er im Sommer 1936 eine Fahrt nach Skandinavien. Eine solche Reise konnten sich allerdings nur Jugendliche aus begüterten Elternhäusern leisten. Auch unter diesem Aspekt war der „tusk"-Kreis ein Eliten-Projekt.

Die Jugendlichen der d. j. 1. 11 einte eine schwärmerische Begeisterung für Russland und für die russische Kultur, allerdings nicht für die Sowjetunion. Sie besuchten gerne Konzerte der Donkosaken und sangen die Lieder mit. Hans Scholl war seit dieser Zeit ein begeisterter Leser der Werke Dostojewskis. Er ließ sich die Romane im Sommer 1942 für eine erneute Lektüre sogar an die Ostfront schicken. Diese Liebe zur Kultur der „slawischen

Untermenschen" machte die Mitglieder von d. j. 1. 11 in den Augen von NS-Ideologen zu „Kulturbolschewisten", die mit allen Mitteln bekämpft werden mussten.

Die Luft für die d. j. 1. 11 und die anderen Rudimente der bündischen Jugend wurde innerhalb der HJ immer dünner. Das Jahr 1936 brachte als das „Jahr des deutschen Jungvolkes" weitere Verschärfungen.

In diesem Jahr wurde das „Gesetz zur Erziehung der Jugend im Geiste des Nationalsozialismus" verkündet: Eltern, die ihre Kinder vom Eintritt in die HJ abhalten wollten, konnten von nun an mit Gefängnis bestraft werden. Gleichzeitig wurden die Fächer „Rassenkunde" und „Rassenhygiene" neu an den Schulen eingeführt. Im Unterricht sollte die „wissenschaftliche" Grundlage des „Rassegedankens" vermittelt werden, überdies sollten die Schüler vor der „Rassenschande" gewarnt werden. Ferner nahm eine Gestapo-Dienststelle „zur Bekämpfung bündischer Umtriebe" ihre Arbeit auf. Die bündische Jugend sollte damit endgültig beseitigt werden.

Hans Scholl ahnte von all dem noch nichts. Im März 1937 bestand er an der Ulmer Oberrealschule das Abitur. In Göppingen musste er für ein halbes Jahr den für alle jungen Männer obligatorischen Arbeitsdienst ableisten. Danach meldete er sich freiwillig zum Dienst in der Wehrmacht. Das hatte den Vorteil, dass er sich seine Waffengattung aussuchen konnte.

Er wollte Reserveoffizier werden, denn nur junge Männer, die „Offiziersmaterial" waren, durften studieren. Bereits 1933 hatte man mit dem „Gesetz gegen die Überfüllung der deutschen Schulen und Hochschulen" den Zugang zu diesen Bildungseinrichtungen stark eingeschränkt. Zunächst betraf es nur die Juden, dann aber auch die nicht-jüdischen Studierwilligen. Ohne Mitgliedschaft bei der HJ und ohne abgeleisteten Wehrdienst konnte man sich bei den meisten Hochschulen in Deutschland nicht bewerben.

Im Oktober 1937 trat Hans Scholl, der ein ausgezeichneter Reiter war, seinen Wehrdienst bei einer Kavallerieeinheit in Bad Cannstatt an. Die sich als Elite verstehende Reitertruppe war noch wenig von NS-Anhängern durchsetzt. Mit Pferden hatte er dort allerdings nicht mehr viel zu tun. Der Reiter Scholl wurde zum Krad-Melder ausgebildet. Er lernte Motorradfahren.

Während er nichts ahnend seinen Wehrdienst ableistete, schlug die Gestapo zu. In einer für Hitlers Geheimpolizei typischen Nacht-und-Nebel-Aktion wurde der Kavallerist Hans Scholl wegen „bündischer Umtriebe" verhaftet, und seine Geschwister gleich mit. Der Geistesgegenwart ihrer Mutter ist es zu verdanken, dass Hitlers Schergen kein belastendes Material im Elternhaus fanden. Es gelang ihr, die Beweisstücke an den Beamten vorbei in ihrem Einkaufskorb aus dem Haus zu schmuggeln. Ihre Kinder wurden trotzdem mitgenommen und in Stuttgart acht Tage lang in Untersuchungshaft gehalten. Durch die mutige Tat Magdalena Scholls konnten die Gestapobeamten ihnen aber nichts nachweisen. Sie hatten noch einmal Glück gehabt. Anders als Hans war Werner Scholl, der jüngere Bruder, bereits 1932 in die bündische Jugend eingetreten. Er lehnte die HJ ab und weigerte sich, dort Mitglied zu werden. Ein Freund Werners aus dieser Zeit war Fritz Hartnagel, der spätere Verlobte von Sophie und Mann von Elisabeth Scholl.

Hans traf es härter. Er wurde nicht nur der Mitgliedschaft bei der d. j. 1. 11 beschuldigt. Wie Sönke

Zankel nachweist, wurde ihm nach § 175 „homosexuelle Unzucht an Schutzbefohlenen"[42] vorgeworfen, also der homosexuelle Missbrauch von Minderjährigen. In der homophoben Atmosphäre des „Dritten Reiches" war dies eine sehr schwere Anschuldigung. Sie bedeutete eine mögliche Haftstrafe im Zuchthaus oder gar im KZ. Für die Familie eines Beschuldigten bedeutete eine Anklage wegen Homosexualität die soziale Ächtung. Somit war das anrüchige Verfahren gegen seinen ältesten Sohn für den selbstständigen Wirtschaftsprüfer Robert Scholl auch wirtschaftlich ein schwerer Schlag.

Hans war verzweifelt. Aus dem Untersuchungsgefängnis schrieb er an seine Eltern:

„[...] Ich danke Vater vielmals, daß er gekommen ist. Er hat mir wieder Hoffnung gebracht. Es tut mir so unendlich leid, daß ich dieses Unglück über die Familie gebracht habe, und in den ersten Tagen meiner Haft war ich oft der Verzweiflung nahe. Aber ich verspreche Euch: Ich will alles wieder gut machen; wenn ich wieder frei bin, will ich arbeiten und nur arbeiten, damit ihr wieder mit Stolz auf Euren Sohn sehen könnt."[43]

Seine Eltern ließen ihn nicht alleine. Sein Vater versuchte umgehend, eine juristische Verteidigung für seinen Sohn auf die Beine zu stellen. Er wandte sich an den Kompaniechef von Hans. Der militärische Vorgesetzte schätzte Hans Scholl sehr. In diesem Fall waren ihm aber die

---

42 Zankel, S. 12.
43 Brief vom 18.12.1937. In: Inge Jens (Hrsg.): Hans und Sophie Scholl. Briefe und Aufzeichnungen. Frankfurt am Main 1988; S. 16 f.; zit. als Jens.

Hände gebunden. Trotzdem lehnte er sich weit aus dem Fenster und verfasste ein positives Gutachten, das der Gestapo vorgelegt wurde.

Den Eltern war die Gefahr der sozialen Ächtung egal. Es ging um ihre Kinder. Auch in dieser Krise bewährte sich der starke Zusammenhalt der Familie.

Zankel nimmt an, „dass die Vorwürfe wegen § 175 vom nationalsozialistischen Staat nicht erfunden waren".[44] Er verweist auf „detaillierte Schilderungen von Jugendlichen, die sich die Gestapo sicher nicht ausgedacht hat".[45]

Die Anklage wegen angeblicher Homosexualität war im NS-Staat oftmals politisch motiviert. Mit ihrer Hilfe sollten weltanschauliche Gegner moralisch diskreditiert und somit ausgeschaltet werden. Zur gleichen Zeit, in der die Gestapo gegen die „bündischen Umtriebe" vorging, gab es ebenfalls eine Kampagne gegen katholische Ordensgeistliche. Die Goebbels-Propaganda, in der die katholische Kirche als „Krebsschaden am gesunden Volkskörper"[46] bezeichnet wurde, stellte Klöster als „undeutsche" Brutstätten von Homosexualität und Pädophilie dar. 417 Geistliche wurden im Verlauf der Kampagne unter dem Vorwurf des Verstoßes gegen § 175 oder wegen „Devisenvergehen" eingesperrt. 108 von ihnen starben im KZ.

Hans Scholl musste fünf Wochen in Untersuchungshaft bleiben. Als wegen des „Anschlusses" eine allgemeine Amnestie verkündet wurde, entfiel das Gerichtsverfahren. Er kehrte zu seiner Einheit zurück. Die unangenehme

---

44 Zankel, S. 12.
45 ebd., S. 12
46 vgl. Carsten Dans/Michael Stolle: Die Gestapo. Herrschaft und Terror im Dritten Reich. München, 2008 S.114. Zit. als Gestapo

Affäre fiel in eine Zeit, in der es mit dem „Dritten Reich"
nur aufwärts zu gehen schien.

Der sogenannte „Röhm-Putsch" war die letzte schwere
Krise, die das junge NS-Regime zu überstehen hatte.
Ernst Röhm, der Führer der SA, war einer der treuesten
Gefolgsleute Hitlers. Intriganten in der SS um Himmler
behaupteten für Hitler glaubhaft, dass die sozialrevolu-
tionär gestimmte SA-Führung einen Putsch plane. Hitler
glaubte den Verschwörern und setzte SS-Einheiten in
Marsch, um den angeblichen Putschversuch der SA gleich
im Keim zu ersticken.

In einer „Nacht der langen Messer" liquidierten SS-
Männer am 30. Juni 1934 fast die gesamte SA-Führung.
Das sozialrevolutionäre Potenzial der NS-Bewegung wurde
durch diesen Handstreich auf einen Schlag vernichtet. In
der Folgezeit wurde aus der mächtigen braunen Bürgerkriegsarmee, die einen Staat im Staate gebildet hatte, eine
Art Traditionsverein für „alte Kämpfer", die mit den Sam-
melbüchsen herumging und Spenden für das Winterhilfswerk sammelte. Erst in der Reichspogromnacht vom 8./9.
November 1938 trat die SA wieder stärker in Erscheinung.

Die SS war spät[47] zu einer eigenständigen Organisation innerhalb der Hitlerbewegung gemacht worden.
Nun hatte der sich als Elite verstehende Schwarze Orden
die ältere und mächtigere Konkurrenz besiegt. Als Lohn
nahm sie im Machtgefüge der NS-Regierung eine immer
bedeutendere Stellung ein.

Mit neu eingerichteten Sondergerichten wie dem
„Volksgerichtshof", die als „Standgerichte der inneren
Front" dienten, wurde eine neue Form von NS-Justiz

---

47   Im Juli 1933.

geschaffen. Rechtliche Standards, wie sie in allen zivilisierten Staaten galten, bedeuteten im Hitlerdeutschland nichts mehr. Das Gewaltmonopol des Staates wurde von der Partei übernommen, um die alleinige Herrschaft der NSDAP zu sichern.

Die SS baute ein System von Konzentrationslagern auf. Die Namen Dachau, Buchenwald, Sachsenhausen stehen für den immer perfekter organisierten Unterdrückungsapparat der Nationalsozialisten. Juden, Sinti und Roma, politische Gegner, regimekritische Geistliche, aber auch männliche Homosexuelle, als „Berufsverbrecher", „Arbeitsscheue" und „Asoziale" stigmatisierte Personen landeten im KZ. Die deutsche Gesellschaft sollte zur nationalsozialistischen „Volksgemeinschaft" umgestaltet werden. Durch die „Ausmerzung" der störenden Elemente sollte eine von Hitler intendierte völkische Leistungsgesellschaft entstehen, mit der sich seine größenwahnsinnigen Welteroberungspläne in die Tat umsetzen ließen.

Auf Geheiß des preußischen Ministerpräsidenten Hermann Göring entstand gleich nach der „Machtergreifung" eine neue politische Polizei, die Geheime Staatspolizei (Gestapo). Es gab in den einzelnen Ländern der Weimarer Republik bereits Staatspolizeibehörden, die wie der heutige Verfassungsschutz die Feinde der Demokratie beobachten und bekämpfen sollten. Besonders die politische Polizei Preußens hatte die NSDAP in ihrer „Kampfzeit" das Fürchten gelehrt. Neuere Forschungen zeigen, dass die Weimarer Demokratie bei weitem nicht so schwach und wehrlos war, wie man lange geglaubt hatte.

Deshalb war die NS-Führung sehr daran interessiert, diese mächtige Waffe möglichst schnell in die eigenen Hände zu bekommen. Die Führungsebene der Gestapo wurde mit verlässlichen „alten Kämpfern" und SS-Männern besetzt, regimekritische Beamte wurden entlassen oder zur Kriminalpolizei versetzt. Die Dimension des polizeilichen Unterdrückungsapparates wird durch die Tatsache deutlich, dass die Gestapo zuletzt dreimal so viele Mitarbeiter wie die Kriminalpolizei beschäftigte.

SS-Chef Himmler wurde 1934 von Hitler zum „Chef der politischen Polizei" ernannt. Ihm unterstand nun die Sicherheitspolizei, die damit immer mehr zu einer Waffe im „weltanschaulichen Kampf" der NSDAP wurde.

Am 17. Juni 1936 wurde aus Himmler der „Chef der deutschen Polizei". Er war damit für die Ordnungspolizei zuständig. Die politische Polizei, oder Sicherheitspolizei (Sipo), wurde von seinem Adlatus, SS-Obergruppenführer Reinhard Heydrich, geführt. Sie gliederte sich in Kriminalpolizei, Gestapo und dem Sicherheitsdienst (SD) der SS. Das Schwarze Korps breitete sich immer stärker innerhalb der Polizei aus.

Drei Jahre später, am 27. September 1939, wurde schließlich die Verschmelzung von Ordnungspolizei und Sicherheitspolizei vollendet. Es entstand das „Reichssicherheitshauptamt" („RSHA"), das von Heydrich geführt wurde. Die Polizeibehörden wurden nun von Hitlers Schergen beherrscht. Der „SS-Staat" (E. Kogon) entstand.

Das „Dritte Reich" wurde freilich nicht nur durch Staatsterror zusammengehalten. Hitler konnte bis zum Kriegsausbruch und bis zum Sieg über Frankreich außenpolitische Erfolge feiern, die seine Macht im Inneren noch stärker festigten.

Im Oktober 1933 war Deutschland aus dem Völkerbund ausgetreten. Keine internationale Gemeinschaft sollte die Entwicklungen in Deutschland kontrollieren dürfen.

Anfang 1935 stimmte das vom Völkerbund verwaltete Saarland für eine Wiedervereinigung mit dem Deutschen Reich. Am 16. März 1935 wurde die allgemeine Wehrpflicht wieder eingeführt. Aus der 100 000-Mann-Reichswehr der Weimarer Republik wurde Hitlers Wehrmacht. Ab August 1936 dauerte der Wehrdienst zwei Jahre.

Ein Abkommen mit Großbritannien über die jeweiligen Flottenstärken von 1935 bedeutete den ersten großen außenpolitischen Erfolg Hitlers. Seine Regierung wurde von nun an als internationaler Machtfaktor wahrgenommen.

Die neu aufgestellte Wehrmacht marschierte im Mai 1936 in das entmilitarisierte Rheinland ein. Deutschland erhielt dadurch seine volle Souveränität zurück.

Die Austragung der Olympischen Sommerspiele 1936 in Berlin bedeutete einen weiteren Prestigegewinn für Hitlerdeutschland. Die Spiele waren bereits 1930 an die Weimarer Republik vergeben worden. Hitler und Goebbels ließen sich die Gelegenheit nicht entgehen, daraus ein Propagandaspektakel zu machen. Eine Hochglanzversion des neuen Deutschland sollte der Welt präsentiert werden. Die antijüdischen Maßnahmen wurden für die Dauer der Spiele ausgesetzt und die vielen hässlichen Flecken in Hitlers Staat wurden mit Hakenkreuzfahnen überdeckt. Die Welt ließ sich täuschen. Beim Einzug in das von Hitlers Lieblingsarchitekten Albert Speer errichtete Berliner Olympiastadion zeigten viele ausländische Sportler den Hitlergruß.

Durch den Erfolg der Spiele beflügelt, erteilte Hitler im gleichen Jahr seinem Botschafter in London, von

Ribbentrop, den Aufrag, die Chancen für ein deutsch-englisches Bündnis auszuloten. Der englische König Edward VIII. war von der Entwicklung in Deutschland fasziniert und sympathisierte mit Hitler.

Am vierten Jahrestag der „Machtergreifung", dem 30. Januar 1937 verkündete Hitler die Annullierung des Versailler Vertrags. Deutschland stellte die Reparationszahlungen an die Siegermächte des Ersten Weltkriegs endgültig ein.

Nach der Abdankung Edward VIII. bestieg sein Bruder George VI. im Mai 1937 den englischen Thron. Bald wurde klar, dass es unter dem neuen König keine weiter Annäherung an Deutschland geben würde. In England fürchtete man, dass das europäische Gleichgewicht gestört würde.

In Amerika erkannte Präsident Roosevelt als erster westlicher Staatsmann die Gefahr des stärker werdenden Faschismus. In seiner „Quarantänerede" forderte er im Oktober 1937 die Isolierung Deutschlands, Italiens und Japans.

In einer Geheimrede vor den Befehlshabern der drei Wehrmachtsteile und vor Außenpolitikern seiner Regierung enthüllte Hitler am 5. November 1937 seine Kriegspläne. Bis zum Jahr 1941 sollte die Wehrmacht kriegsbereit sein. Dann sollte „die Raumfrage mit Gewalt gelöst werden".

Im November 1937 trat Italien dem „Antikominternpakt" zwischen Deutschland und Japan bei. Die Globalstrategie Hitlers wurde damit evident. Nachdem Großbritannien als Bündnispartner ausfiel, wollte er zusammen mit dem in den Faschismus abgleitenden Japan die Sowjetunion in die Zange nehmen. Mit dem

„Achsenpartner" Italien wollte er einen starken faschistischen Block bilden, um die westeuropäischen Demokratien in Bedrängnis zu bringen.

Deshalb unterstützten Mussolini und Hitler den faschistischen General Franco, der in Spanien die linksgerichtete Regierung bekämpfte. Der spanische Bürgerkrieg war außerdem ein willkommenes Experimentierfeld, um die neuen Waffensysteme der Wehrmacht zu testen. Hier sammelte die Wehrmachtsführung wichtige Erfahrungen, die ihr zu Beginn des bald ausbrechenden Zweiten Weltkriegs von großem Nutzen sein sollten.

Durch eine von der Gestapo inszenierte Verleumdungskampagne wurde der Oberbefehlshaber des Heeres, Generaloberst von Fritsch, zum Rücktritt gezwungen. Er hatte mit dem Wehrminister General Blomberg die Kriegspläne Hitlers abgelehnt. Auch Blomberg musste gehen. Aus dem Wehrministerium wurde nun das Oberkommando der Wehrmacht unter der Leitung Hitlers. Von Ribbentrop wurde an Stelle des gemäßigteren von Neurath Außenminister. Die aggressiven Tendenzen der deutschen Außenpolitik traten immer deutlicher hervor.

Am 13. März 1938 marschierte die Wehrmacht unter dem Jubel des größten Teils der Bevölkerung in Österreich ein. Der „Anschluss" wurde vollzogen und aus den zwei Ländern Deutschland und Österreich das „Großdeutsche Reich". In beiden Ländern wurde eine Amnestie verkündet. Eigentlich sollten damit die in Österreich inhaftierten NSDAP-Anhänger aus der Haft befreit werden. Sie kam allerdings auch Hans Scholl zugute.

Im August 1938 stellte Hitler mit der Waffen-SS eine neue Prätorianer-Garde auf. Ursprünglich sollten die auf den „Führer" persönlich vereidigten „Sturmmänner"

Putschversuche von Seiten der Wehrmacht unterbinden. Im Verlauf des Krieges wurde die Waffen-SS, die neben Heer, Marine und Luftwaffe eine eigene Waffengattung bildete, zu einer gefürchteten militärischen Organisation, die für zahlreiche Kriegsverbrechen verantwortlich war. Die Waffen-SS war berüchtigt dafür, dass sie rücksichtslos kämpfte und weder Gegner noch die eigenen Männer schonte. Entsprechend hoch waren die Verluste. Die Waffen-SS musste sich im Verlauf des Krieges immer mehr für nichtdeutsche Freiwillige öffnen. Zuletzt kämpften neben Hitlerjungen auch rechtsradikale Europäer aus den besetzten Ländern und sogar Weißrussen neben antisowjetischen Kaukasiern in Hitlers Elitetruppe. Hitlers Reichskanzlei wurde bis zuletzt von französischen[!] SS-Männern verteidigt.

Mit einer erstarkenden Wehrmacht im Rücken wurden Hitlers außenpolitische Forderungen immer maßloser. Er forderte von der Tschechoslowakei das von einer starken deutschen Minderheit bewohnte Sudetenland. Um den Frieden in Europa zu bewahren, stimmten die westeuropäischen Regierungschefs bei der Münchener Konferenz im September 1938 der Abtretung des Sudetenlandes zu („Appeasement"-Politik). Einen Monat später marschierten deutsche Truppen dort ein.

Als die Wehrmacht im März des Jahres 1939 die sogenannte „Resttschechei" besetzte, schauten die Westmächte Großbritannien und Frankreich ein letztes Mal hilflos zu. Das geraubte Gebiet wurde in „Reichsprotektorat Böhmen und Mähren" umbenannt. In den westeuropäischen Demokratien war bis zu diesem Zeitpunkt die Furcht vor einem erneuten Krieg größer als die Solidarität mit den von Hitlerdeutschland bedrohten Völkern Mittel- und Osteuropas. Das sollte sich aber bald ändern.

Ende März 1939 stellte sich zuerst England den Deutschen Expansionsbestrebungen entgegen. Großbritannien gab seine Appeasement-Politik auf und vereinbarte mit Polen ein Beistandsabkommen für den Fall eines deutschen Angriffs. Hitler versuchte zu kontern. Im April kündigte er den deutsch-englischen Flottenvertrag. Kurz darauf schloss er einen Militärpakt mit Italien.

Im August 1939 gelang Hitler ein letzter außenpolitischer Coup. Er schloss einen Freundschaftsvertrag mit der Sowjetunion. Damit hatte er bei einer Konfrontation mit den Westmächten den Rücken frei. In einem geheimen Zusatzabkommen teilten die ehemaligen ideologischen Todfeinde Polen untereinander auf.

Hitler war es zwar nicht gelungen, mit seinem Wunschpartner Großbritannien eine Allianz zu schmieden, stattdessen hatte das Großdeutsche Reich ausgerechnet in der Sowjetunion einen verlässlichen Verbündeten gefunden. Die Nahrungs- und Rohstofflieferungen aus Stalins Reich machten es der Wehrmacht überhaupt erst möglich, einen Krieg mit England und Frankreich durchzustehen.

Am 1. September 1939 begann der deutsche Angriff auf Polen. Zwei Tage später erklärten Großbritannien und Frankreich Deutschland den Krieg. Der Zweite Weltkrieg hatte begonnen. Sie griffen aber nicht in die Kämpfe ein. Am 17. September marschierten sowjetische Truppen in Ostpolen ein.

Während der NS-Staat durch seine vermeintlichen außenpolitischen Erfolge auf einen erneuten Krieg zusteuerte, wurde die Lage für die Juden im Reichsgebiet immer unerträglicher.

Durch die Nürnberger Gesetze wurden die Juden innerhalb der deutschen Gesellschaft immer weiter isoliert. Jüdische Ärzte verloren ihre Approbation und durften keine „Arier" mehr behandeln, jüdische Rechtsanwälte durften nur noch Juden als Klienten annehmen. Umgekehrt durften Nichtjuden sich nicht mehr von jüdischen Ärzten behandeln lassen oder zu jüdischen Rechtsanwälten gehen.

1935 musste sich der „Kulturbund deutscher Juden" in „Jüdischer Kulturbund" umbenennen. Juden sollten nur noch Werke von Juden aufführen dürfen. Künstlerische Werke von „Ariern" wurden für Juden verboten.[48] Schließlich durfte bei Veranstaltungen des Jüdischen Kulturbundes sogar die deutsche Sprache nicht mehr benutzt werden, sondern nur noch Hebräisch oder Jiddisch.

Beim Einmarsch der Wehrmacht in Österreich begingen zahlreiche Juden Selbstmord. Verschiedene Wehrmachts- und SS-Einheiten verübten erste kleinere Pogrome unter der jüdischen Bevölkerung.

Im Juli 1938 wurde eine besondere Kennkarte für Juden eingeführt, die sie immer bei sich zu tragen hatten. Ab August 1938 mussten männliche Juden den Namenszusatz „Israel" führen, Jüdinnen den Namenszusatz „Sarah". Auf den Standesämtern lagen Listen mit diffamierenden, angeblich israelitischen Namen aus. Jüdische Kinder sollten keine „arischen" Namen mehr tragen dürfen. Damit begann die Stigmatisierung der Juden im „Großdeutschen Reich".

Die Nacht auf den 9. November 1938 war die Reichspogromnacht. Goebbels stachelte die SA an, gegen Juden im gesamten Reichsgebiet vorzugehen.

---

48 Jüdische Orchester durften z. B. keine Werke von Beethoven aufführen, Mendelssohn war Juden erlaubt, aber sonst verboten.

191 Synagogen wurden in Brand gesteckt. Überall in Deutschland wurden jüdische Würdentrager misshandelt; zahlreiche jüdische Geschäfte und Wohnungen wurden geplündert. Der Feuerwehr wurde verboten, die Brände zu löschen. Nur die umliegenden Häuser sollten vor dem Feuer geschützt werden. Bei den Ausschreitungen wurden 36 Juden getötet und unzählige jüdische Existenzen vernichtet.

Um das deutsche Versicherungswesen zu schützen, wurde den Assekuranzen verboten, die entstandenen Schäden zu regulieren. Die Juden sollten selbst dafür aufkommen. Hermann Göring, einer der kaltblütigsten aller führenden Nationalsozialisten, legte den Juden eine zusätzliche „Sühneleistung" von einer Milliarde Reichsmark auf. Das entsprach etwa 20 % des geschätzten jüdischen Vermögens. Nach der Reichspogromnacht war das deutsche Judentum, das vor Hitlers „Machtergreifung" das wohlhabendste in Europa war, praktisch ruiniert.

Viele jüdische Unternehmer und Geschäftsleute waren schon vorher beraubt worden. Durch die verharmlosend „Arisierung" genannte Enteignung verloren sie einen großen Teil ihrer Habe. Sie waren meistens durch Parteigrößen und „arische" Geschäftspartner gezwungen worden, ihren Besitz weit unter Wert zu verkaufen.

Das beschönigend „Reichskristallnacht" genannte Novemberpogrom hatte auch viele nichtjüdische Deutsche entsetzt. Wie die Gestapo erfuhr, gab es überall im Land Stimmen, die das brutale Vorgehen der SA gegen unbescholtene Bürger ablehnten. Die NS-Führung hatte die antisemitische Stimmungslage in der Bevölkerung überschätzt. Noch hielten die zivilisatorischen Dämme gegen die sich immer schneller ausbreitende Barbarei. In der Folgezeit gingen die NS-Behörden deshalb dazu über, weitere antijüdische Maßnahmen eher im Verborgenen durchzuführen.

Trotzdem war es für die Juden nun klar, dass es für sie in Deutschland keine Zukunft mehr gab. Bis zum Kriegsausbruch gelang weiteren 118 000 jüdischen Deutschen die Flucht aus dem NS-Staat. Von den ca. 525 000 Juden,[49] die 1933 in Deutschland gelebt hatten, war bis 1939 knapp die Hälfte geflohen. Um ausreisen zu dürfen, mussten sie fast ihren ganzen verbliebenen Besitz an die Behörden abliefern. Es blieben ihnen nur wenige Reichsmark, um in der Fremde ein neues Leben zu beginnen.

Die Juden, die in Deutschland bleiben mussten, waren entweder zu arm und zu alt, mit einem „arischen" Partner verheiratet oder sie hatten Berufe, die sie nur in Deutschland ausüben konnten. Deutsche Juristen oder Sprachwissenschaftler waren im Ausland nicht gefragt. Es gab keine Länder, die sie aufnehmen wollten. Der Weg nach Palästina war von der britischen Verwaltung versperrt. Aus Rücksicht auf die Interessen der Araber sollte es im Nahen Osten keinen eigenen Staat für die Juden geben.

Während es den Juden in Deutschland immer schlechter ging, erlebte das „Dritte Reich" ein „Wirtschaftswunder". Wie oben dargestellt, war die Arbeitslosigkeit bereits vor dem Machtantritt Hitlers leicht gesunken. In der Endphase der Weimarer Republik wurde ein freiwilliger Arbeitsdienst für junge Männer eingeführt. Durch diese Maßnahme konnte die Jugendarbeitslosigkeit wirksam bekämpft werden. Hitler führte nach seiner Machtübernahme einen obligatorischen „Reichsarbeitsdienst"

---

49   Etwa 1 % der deutschen Bevölkerung.

(RAD) für alle jungen Männer ein. Er konnte so die Arbeitslosenstatistik schönen und die Arbeitsdienstpflichtigen fast ohne Bezahlung arbeiten lassen. Nebenbei erhielten sie ein vormilitärisches Training, das sie auf den Drill bei der Wehrmacht vorbereitete.

Gleichzeitig legte die NS-Regierung ein gewaltiges Konjunktur- und Rüstungsprogramm auf, mit dem die Wirtschaft angekurbelt wurde. Die Programme wurden durch ein hemmungsloses Aufblähen der Staatsverschuldung finanziert. Der nationalsozialistische „Staatsraub"[50] an den Juden hatte also nicht nur ideologische Gründe. Durch den systematischen Diebstahl an den Juden konnte die Leistungsbilanz der NS-Wirtschaft geschönt werden.

Weil das nationalsozialistische Wirtschaftswunder auf finanzpolitisch tönernen Füssen stand, war der NS-Staat auf Expansion angewiesen. Nur durch die Ausplünderung Europas konnte „Hitlers Volksstaat" (Götz Aly) wirtschaftlich auf lange Sicht überleben.

Der bereits während der Weimarer Republik begonnene Autobahnbau wurde weitergeführt und gesteigert, die Errichtung von Staudämmen, Brücken und andere Infrastrukturmaßnahmen in Angriff genommen. Die Wehrmacht wurde gewaltig aufgerüstet, eine Luftwaffe und eine Panzertruppe aus dem Boden gestampft. Bald zeigten sich erste Erfolge: die Zahl der registrierten Arbeitslosen sank im Lauf von zwei Jahren von sechs Millionen bei Hitlers Machtantritt auf 1,1 Millionen. Berufstätige Frauen wurden systematisch aus dem Arbeitsleben gedrängt, um mehr freie Stellen für Männer

---

50 Götz Aly: Hitlers Volksstaat. Frankfurt am Main 2006, S. 209 f.; zit. als Aly.

zu schaffen. Die Einführung der Wehrpflicht entspannte die Arbeitsmarkt-Situation zusätzlich.

Nach der „Machtergreifung" wurden nicht nur neue Arbeitsplätze geschaffen. Hitlers Staat verteilte auch soziale Wohltaten. Erstmals erhielten Beschäftigte einen gesetzlich garantierten Urlaubsanspruch, es gab Ehestands-Darlehen für junge Brautpaare und günstige staatliche Kredite für Häuslebauer. Kleine Einkommen wurden niedrig besteuert, die Preise blieben stabil und die Mieten durften nur noch langsam steigen. Das Ferienwerk „Kraft durch Freude" (KdF) ermöglichte auch einkommensschwachen Bevölkerungsgruppen eine Urlaubsreise. Das populäre Winterhilfswerk unterstützte Arme, Alte und kinderreiche Familien. Auch jenseits der Goebbels-Propaganda, die jeden kleinen Erfolg der NS-Regierung gewaltig aufblies, empfanden viele „Volksgenossen", dass sich ihre Lage wirtschaftlich verbessert hatte. Die anfängliche Skepsis gegen die neuen Herren legte sich nach und nach. Die meisten Deutschen begannen, sich in Hitlers „Volksgemeinschaft" einzurichten. In der nationalsozialistischen „Gefälligkeitsdiktatur" (G. Aly) schien jeder „Arier" seinen Platz zu finden. Die Verfolgungsmaßnahmen des Regimes schienen nur die anderen zu treffen.

Eine kleine Minderheit misstraute dem schönen Schein. Der größte Teil des politischen Widerstands kam von der politischen Linken. Durch den ideologischen Gegensatz zwischen ihnen bildeten KPD und SPD niemals eine gemeinsame Front gegen die nationalsozialistische Machtübernahme. So hatte die Gestapo ein leichtes Spiel. Es gelang ihr, die etwa 25 000 linken Regimegegner in kurzer Zeit zum Verstummen zu bringen. Wer sich widersetzte, musste mit der Einlieferung in ein KZ rechnen. Deshalb schwiegen die Anhänger der Linken lieber öffentlich und ballten die Faust in der Tasche. Aus SPD-Ortsverbänden wurden scheinbar unpolitische Stammtischrunden. Nur unter großen Gefahren gelang es KPD-Gruppen, Anti-NS-Propaganda ins Land zu schmuggeln.

Die nationalsozialistische Gefälligkeitsdiktatur konnte sich auf einen großen Rückhalt in der Bevölkerung stützen. Deshalb gab es im „Dritten Reich" nur einen „Widerstand ohne Volk".[51]

Auch die Geschwister Scholl gingen ihren Weg in den Widerstand eher zögerlich. Inge Scholl beschreibt den aufkommenden Zweifel so:

„In uns erwachte das Gefühl, als lebten wir in einem schönen und reinen Haus, in dessen Keller hinter verschlossenen Türen furchtbare, böse, unheimliche Dinge geschehen. Und wie der Zweifel langsam von uns Besitz ergriffen hatte, so erwachte nun in uns das Grauen, die Angst, der erste Keim einer grenzenlosen Unsicherheit."[52]

Besonders Hans Scholl machte sich keine Illusionen mehr über den verbrecherischen Charakter des NS-Regimes. Nach seiner Verhaftung lernte er den vier Jahre jüngeren Otl Aicher kennen, der ein Schulkamerad von Werner Scholl war. Im Gegensatz zu den Scholl-Geschwistern stammte Otl (eigentlich Otto) Aicher aus einer kleinbürgerlichen katholischen Familie. Zusammen mit anderen Freunden

---

51   Detlev Peukerts: Modell der Formen nonkonformen Verhaltens in der NS-Diktatur. Nonkonformität, Verweigerung, Protest, Widerstand. In: Süß/Süß, hier S. 145.
52   Scholl, S. 18.

war Otl Aicher im katholischen Jugendbund „Quickborn"
aktiv, der Romano Guardini nahe stand, einem reformori-
entierten und NS-kritischen Priester, der in Berlin wirkte.
Mit ihren neuen katholischen Freunden unternahmen die
Scholl-Brüder Skifahrten und gingen zum Fechtunterricht.

Mit den Jungen um Otl Aicher lasen und diskutierten die
Scholl-Kinder philosophische und theologische Texte von
Augustinus über Thomas von Aquin bis hin zu Maurice
Blondel, einem modernen französischen Schriftsteller. Dazu
traf man sich meistens im Haus der Scholls, das genügend
Platz für die Diskussionsrunden bot. Der Kreis um Aicher
verbündete sich schließlich mit den Scholl-Geschwistern.
Zusammen gründete man den „Scholl-Bund".

Aus dem Scholl-Bund ist in gewisser Weise die Weiße
Rose hervorgegangen. Wie Barbara Schüler darlegt,[53]
zeigte der Kreis um Otl Aicher den Scholl-Geschwistern
den Weg aus ihrer NS-Verstrickung.

Otl Aicher, den Barbara Schüler den „Spiritus Rec-
tor"[54] des Scholl-Bundes nennt, hatte sich wie Werner
Scholl vom Nationalsozialismus nicht blenden lassen. Er
machte die Scholl-Geschwister, vor allem Inge, Hans und
Sophie, mit Dichtern und Denkern der französischen
renouveau catholique bekannt, einer gesamteuropäischen
religiös-christlichen Erneuerungsbewegung, die Ende
des 19. Jahrhunderts als Reaktion auf die Niederlage
Frankreichs im deutsch-französischen Krieg von 1870/71
einsetzte. Die französische Gesellschaft, französische

---

53 Barbara Schüler: „Geistige Väter" der „Weißen Rose": Carl Muth und
    Theodor Haecker als Mentoren der Geschwister Scholl. In: Rudolf Lill:
    Hochverrat? Neue Forschungen zur „Weißen Rose". Konstanz 1999, S.
    101-129; zit. als Schüler.
54 Schüler, S. 109.

Literatur und Kunst sollten reformiert werden durch eine Rückbesinnung auf die Werte des Katholizismus. Das daraus resultierende christliche Menschenbild sollte eine universelle Bedeutung erhalten. Aus einer katholisch erneuerten Gesellschaft würde dann ein wiedererstarktes Frankreich erstehen.

In dieser Vision einer restaurierten Nation, die auf der Freiheit und Würde des Individuums und auf einer christlichen Grundlage beruhte, fanden die älteren Scholl-Kinder Antworten auf Fragen, die sie schon lange bedrängten. Barbara Schüler schreibt:

„Namentlich in dieser geistigen Strömung fanden Hans und Sophie Scholl und ihre Freunde – angeleitet vor allem durch Otl Aicher – die lang vergeblich gesuchte Synthese zwischen Individualismus, für den ihre protestantische Herkunft und ihre liberalen Traditionen standen, und Gemeinschaft, deren Pervertierung man in Kommunismus und Nationalsozialismus hautnah erfahren hatte. Der ‚integrale Humanismus' für den neben Leon Bloi, Georges Bernanos, Paul Claudel und Francis Jammes nicht zuletzt Jacques Maritain stand, wurde schließlich zur geistigen Basis, auf der man hoffte, nach dem Ende der nationalsozialistischen Diktatur ein neues Abendland aufbauen zu können."[55]

Mit dem von Schüler angeführten „integralen Humanismus" ist ein Grundgedanke von Jacques Maritain gemeint, den er in seinem Hauptwerk „Christlicher Humanismus oder die Zukunft der Christenheit" (dt. 1938) dargelegt hat. Darin beschreibt er einen „Dritten Weg" als Ausweg

---

[55]   Schüler, S. 113.

aus der „Vermassung" und der „Vereinzelung", die für ihn die Kennzeichen der Moderne sind.

Der Dritte Weg führt zur Rückbesinnung auf Gott als dem Schöpfer des Menschen, der durch die Erlösung zum Befreier wird. Er muss als die höchste Instanz anerkannt werden, aus der sich ein christlicher, ein „integraler" Humanismus ableitet. Die Freiheit des Menschen besteht in der freiwilligen Bindung an Gott, denn der Höchste ist die Quelle von Freiheit und Würde. Ein integraler Humanismus muss Gott deshalb mitdenken. Ohne diese Rückbesinnung auf Gott sind wahrer Humanismus und echte Freiheit nicht möglich. Die Menschenrechte haben ihre Quelle in Gott dem Schöpfer und sind deshalb universell gültig.

Maritains Gedanken über die christliche Freiheit fielen bei den Geschwistern Scholl auf fruchtbaren Boden. Sophie Scholls Wahlspruch stammte von diesem christlichen Denker: „Il faut avoir l'esprit dur et le coeur tendre" (Man muss einen klaren Verstand haben und ein sanftes Herz). Dieser Leitsatz begleitete sie bis unter das Fallbeil.

Doch vorerst musste die Familie Scholl versuchen, in Hitlers Reich zurechtzukommen. Besonders Hans musste vorsichtig sein. Er wusste, dass er den unauffälligen „Volksgenossen" spielen musste, weil er nun der Gestapo bekannt war. Noch einmal Inge Scholl:

„Hans fiel dieses zwiespältige Leben besonders schwer. Schwerer noch und dunkler lastete auf ihm, dass er in einem Staat leben musste, in dem die Unfreiheit, der Hass und die Lüge zum Normalzustand geworden waren."[56]

---

56   Scholl, S. 23.

Kriegseinsatz in Frankreich

Hans Scholl überlegte lange, welches Studium er aufnehmen sollte. Er hatte vor allem eine literarische Begabung. Seine Briefe und Tagebuchaufzeichnungen sind stilistisch ausgefeilt und wirken so, als ob sie für eine spätere Veröffentlichung gedacht seien. Otl Aicher, der spätere Mann von Inge Scholl, charakterisiert Hans Scholl so:

„[Er] dachte im sprechen, er war eine rhetorische existenz, eine dialogische und dialektische, einsichten gewann er wie ein sich drehender scheinwerfer auf einem leuchtturm. [...] er war ein homme de lettres, wenn er nicht schrieb, las er, auch das im dialog, und wenn er nicht las, war er in gespräche verwickelt. Immer ausstrahlend, immer aufnehmend. Bei dieser technik war er immer der mittelpunkt, auch wenn er es nicht sein wollte, so wie sich ausgab, sammelte er ein."[57]

---

57   Otl Aicher: innenseiten des krieges. Frankfurt am Main 1985, S. 83.

Dieser junge Intellektuelle entschied sich schließlich für ein Medizinstudium. Über seine Motivation dazu schrieb er am 5. Januar 1943 an seine Freundin Rose Nägele:

„Ich habe eigentlich nie so richtig gewusst, warum ich Medizin studiere. Was mich zu dem Entschluss brachte, mich diesem Fach zu widmen, war zunächst die Liebe zu den Naturwissenschaften, eine Neigung zu möglichst allgemeiner Ausbildung und nicht zuletzt eine gewisse Verlegenheit. Was sollte man auch tun? Philosophie gibt es augenblicklich keine, Staatswissenschaft auch nicht. Freiheit sowohl in der Berufswahl als im Studium war mein höchstes Prinzip. So wählte ich und wusste nicht warum."[58]

Ein weiterer möglicher Grund könnte gewesen sein, dass er als Medizinstudent nur einen verkürzten Militärdienst ableisten musste. Im November 1938 machte er eine Sanitätsausbildung in Tübingen, die als medizinisches Praktikum anerkannt wurde. Im Mai 1939 begann er sein Medizinstudium in München.

Auch an den Hochschulen war der Gleichschaltungsdruck zu spüren. Bereits im Mai 1933 wurde zur Semestereröffnung an der Münchener Ludwig-Maximilians-Universität die nationalsozialistische „Machtergreifung" in einem Festakt gewürdigt. Die NS-Revolution fand eine breite Zustimmung unter den meistens national-konservativ eingestellten Professoren. Der Rektor, Leo von Zumbusch, eröffnete das akademische Halbjahr

---

58   Brief vom 5.1.1943, zit. nach Jens, S. 141.

„in dem Glauben und der Hoffnung, dass wir und unser Vaterland an einer Wende der Zeit stehen".[59]

Nach der Rede des Rektors verlas ein nationalsozialistischer Student ein Treuegelöbnis auf Hitler. Am Abend des gleichen Tages verbrannten nationalsozialistische Studenten auf einem großen Scheiterhaufen die Bücher missliebiger Autoren. Gerade in der „Hauptstadt der Bewegung" wurde erwartet, dass sich die Studenten an der reichsweiten Bücherverbrennung beteiligten.

Obwohl die Nationalsozialisten versuchten, immer stärkeren Einfluss auf die Lehr- und Forschungsinhalte an den Universitäten zu gewinnen, hielten die akademischen Netzwerke vorerst stand. Forschung im Sinne der nationalsozialistischen Ideologie fand nur in wenigen Fällen statt. Die Wissenschaftler vermieden es allerdings auch, öffentlich Kritik zu äußern. Allenfalls im engsten Kollegenkreis beschwerten sich einzelne Professoren über die nationalsozialistischen Machthaber. Wie überall in der Gesellschaft begann man sich auch an den Universitäten mit den neuen Machthabern zu arrangieren.

Hans Scholl genoss die akademische Freiheit. Obwohl ihm das Medizinstudium zunächst nur wie eine Notlösung vorgekommen war, interessierte er sich nach kurzer Zeit immer mehr für sein Fach. Neben dem Studium las er viel, machte Ausflüge, nahm Fechtunterricht und besuchte Konzerte und Ausstellungen. Kurz, er führte ein recht unbeschwertes Studentenleben. Nur die ständige Geldnot bedrückte ihn. Er schrieb zu dieser Zeit häufig Bettelbriefe, in denen er seinem Vater detailliert darlegte,

---

59   Nach Schneider/Süß, S. 14.

warum er diesmal wieder nicht mit seinem Geld ausge-
kommen war. Einmal brauchte er eine größere Summe
Geld. Er hatte sich bei einem Uniformschneider eine Offi-
ziersreithose bestellt. Wie viele spürte auch Hans Scholl,
dass Krieg in der Luft lag.

Am Ende seines ersten Semesters überfiel die Wehrmacht Polen. Der Medizinstudent Hans Scholl musste
allerdings erst im Sommer 1940 in den Krieg zu ziehen.

Die polnische Armee versuchte tapfer, ihr Land zu ver-
teidigen. Sie hatte aber gegen die Wehrmacht kaum eine
Chance. Das deutsche Oberkommando konnte auf Erfah-
rungen aus dem Spanischen Bürgerkrieg zurückgreifen.
Die dort getesteten Waffensysteme gaben der Wehrmacht
einen großen technischen Vorteil. Gegen den modernen
Bewegungskrieg der Wehrmacht, die auf das Zusam-
menspiel von Panzertruppen und Sturzkampfbombern
(„Stukas") setzte, fand die polnische Generalität, deren
Denken noch in den taktischen Kategorien des Ersten
Weltkriegs gefangen war, kein Gegenmittel. Bereits in den
ersten Tagen des Polenfeldzuges gelang es den überlegenen
Messerschmitt-Jägern der Luftwaffe, den größten Teil der
veralteten polnischen Flugzeuge zu zerstören. Das Land
war nun völlig den deutschen Bombern ausgeliefert, die
verheerende Luftangriffe auf polnische Städte flogen. Als
sowjetische Truppen schließlich Ostpolen besetzten, gab
die polnische Regierung auf und kapitulierte. In London
bildete sich eine polnische Exilregierung, die den Kampf
gegen Hitlerdeutschland von Großbritannien aus fortsetzen wollte. Einigen polnischen Militärs, darunter vielen
Piloten, gelang die Flucht nach England. Die dringend
benötigten Flugzeugführer sollten die Royal Air Force in
der Luftschlacht um England verstärken.

Großbritannien und Frankreich kamen den Polen nicht zur Hilfe. Während die britischen Streitkräfte noch nicht kriegsbereit waren, musste die französische Regierung auf die starke Anti-Kriegs-Stimmung in ihrem Land Rücksicht nehmen. „Mourir pour Danzig?" (Für Danzig sterben?) hieß die Suggestiv-Frage der Kriegsgegner. Der französische Generalstab scheute einen direkten Schlagabtausch mit der Wehrmacht und befahl den Truppen, sich in die stark befestigte Maginot-Linie entlang der französischen Ostgrenze einzubunkern. Mit diesem nach dem Ersten Weltkrieg errichteten Bollwerk wollte die französische Generalität einen erneuten Einmarsch deutscher Truppen verhindern. Die Bunker und Festungen der Maginot-Linie sollten die verlustreichen Schlachten des Ersten Weltkriegs verhüten.

Damit war die Chance vertan, den Krieg bereits in der Anfangsphase zu entscheiden. Die deutsche Westgrenze hätte von den wenigen dort verbliebenen deutschen Truppen nicht verteidigt werden können.

Hitler hatte alles auf eine Karte gesetzt und gewonnen. Nach der Niederlage Polens begann der „Sitzkrieg" an der deutschen Westgrenze. Im „phoney war", dem „drôle de guerre", belauerten sich beide Seiten. Keine war allerdings zum Angriff bereit.

Das Frühjahr 1940 begann mit dem Unternehmen „Weserübung", dem deutschen Überfall auf Dänemark und Norwegen. Durch die Besetzung der skandinavischen Länder konnte Deutschland die Versorgung mit Eisenerz während des gesamten Krieges sicherstellen. Die Alliierten mussten den Kampf um Norwegen abbrechen, als der „Fall Gelb" eintrat, die deutsche Offensive im Westen.

In wenigen Tagen überrannte die Wehrmacht Belgien und stieß über die Maas vor. Die neutralen Niederlande wurden durch einen schweren deutschen Luftangriff auf Rotterdam zur Kapitulation gezwungen. Deutschen Fallschirmtruppen gelang es, strategisch wichtige Festungswerke entlang der französischen Grenze einzunehmen.

Anders als im Ersten Weltkrieg hatte der belgische König nicht die Schleusen öffnen lassen, um den schnellen deutschen Vormarsch zu behindern. Die Geschwindigkeit und die Wucht des deutschen Angriffs überraschte die alliierten Befehlshaber. Es gelang ihnen nicht, eine gemeinsame Frontlinie in Nordfrankreich aufzubauen.

In einem gewagten Manöver brachen deutsche Panzerverbände durch die Ardennen. Durch diesen „Sichelschnitt" wurde die französische Abwehrfront durchtrennt. Deutsche Truppen kreisten im Großraum Dünkirchen den Großteil der alliierten Armeen ein. In einer kühnen Evakuierungsaktion gelang es den Briten, ihre Truppen zusammen mit vielen französischen Soldaten nach England zu bringen. Die Briten mussten allerdings ihr gesamtes Kriegsmaterial an den Ständen um Dünkirchen zurücklassen. Großbritannien brauchte mehr als ein Jahr, um die riesigen materiellen Verluste wieder ausgleichen zu können.

Die französische Armeé de l'Air hatte der deutschen Luftwaffe bald nichts mehr entgegenzusetzen. Deutsche Flugzeuge beherrschten nach einigen Tagen den Himmel über Frankreich. Die britische Royal Air Force hielt die modernen „Spitfire"-Jagdflugzeuge, die als einzige Maschinen den deutschen Jägern Paroli bieten konnten, für die Verteidigung Englands zurück.

Das im Polen erprobte deutsche Blitzkrieg-Konzept bewährte sich auch in Frankreich. Die deutschen Panzer und Stukas trieben die französische Armee vor sich her. Deutsche Kampfflugzeuge beschossen aber nicht nur die zurückweichende französische Armee, sondern auch Flüchtlingstrecks. Der rücksichtslose Einsatz der Luftwaffe forderte viele Opfer unter der französischen Zivilbevölkerung.

Am 14. Juni 1940 besetzten deutsche Truppen Paris. Acht Tage später kapitulierte Frankreich. Die Kapitulation Frankreichs wurde in demselben Eisenbahnwagen unterzeichnet, in dem knapp 22 Jahre vorher Mathias Erzberger die deutsche Kapitulationserklärung unterschrieben hatte. Frankreich wurde geteilt, in eine von Deutschland besetzte Zone mit der Hauptstadt Paris und in ein unbesetztes Restfrankreich, das von dem Kurort Vichy aus regiert wurde. Die Vichy-Regierung unter dem alten Marschall Pétain erklärte sich zur Zusammenarbeit, zur Kollaboration, mit den Deutschen bereit. 1943 wurde dann auch Vichy-Frankreich von der Wehrmacht besetzt.

Die „Schmach von Versailles" war in den Augen der allermeisten Deutschen durch diese Rache am französischen „Erbfeind" getilgt. In wenigen Wochen war der Wehrmacht unter vergleichsweise geringen Verlusten[60] gelungen, woran das kaiserliche Heer in vier langen Jahren unter entsetzlichen Opfern gescheitert war. Im Sommer 1940 stand Hitler auf dem Gipfel seiner Popularität. Sein Traum war wahr geworden. Der von Hitler eingesetzte

---

60 Ein Abschlussbericht der Wehrmachtsführung kam 1944 auf unter 50 000 gefallene deutsche Soldaten.

OKW-Chef Keitel[61] nannte ihn: „Größter Feldherr aller Zeiten".

Hans Scholl gehörte zu den Truppen, die Frankreich erobern sollten. Er wurde als Krad-(Kraftrad)-Melder eingesetzt, nahm also an direkten Kampfhandlungen nicht teil. Auf seinen Motorradfahrten wird er aber genug von den Schrecken des Krieges gesehen haben. Wohl um seine Angehörigen nicht zu beunruhigen, berichtete er in seinen Briefen wenig von seinen Kriegserlebnissen. Seine Eltern erfuhren lediglich, dass er während seines Einsatzes drei leichte Unfälle hatte. Am 3. Juni 1940 berichtete er nach Hause: „Meine 10. Rippe ist gebrochen, die Niere gestaucht. Sonst bin ich vollkommen gesund."[62]

Hans Scholl kam, anders als seine Kameraden, nicht als Eroberer. Für ihn war etwas anderes wichtig, wie er weiter schreibt:

„Ich will versuchen, so gut es geht, mich in den französischen Geist zurechtzufinden und das französische Wesen verstehen zu lernen. [...] Es ist nicht ganz einfach, da die Menschen sehr zurückhaltend sind. Aber ich finde überall liebe Worte. Es ist großartig, wie sich der größte Teil der Frauen den deutschen Soldaten gegenüber verhält."[63]

Der zitierte Brief erzählt einerseits von der Begeisterung, mit der sich Hans Scholl in den Kriegseinsatz stürzte. Er sah darin die Möglichkeit, sich als Mann zu bewähren. Als

---

61 Er wurde von seinen Feinden in der Wehrmachtsführung boshaft „Lakeitel" genannt.
62 Brief vom 3. 6. 1940, zit. nach Jens, S. 43.
63 Ebd.

Kind seiner Zeit wollte er seinem Vaterland beistehen. Darum setzte er alles daran, die ihm gestellten Aufgaben zu erfüllen, auch wenn er dabei zu Schaden kam.

Die zitierte Briefstelle zeigt andererseits aber auch seine tief verwurzelte Humanität. Der Wehrmachts-Unteroffizier Hans Scholl sah die Franzosen nicht als Feinde. Der Kriegseinsatz war für ihn eine abenteuerliche Bildungsreise, die er dazu nutzte, Land und Leute kennen zu lernen. Die Begegnung mit den fremden Menschen und ihrer Kultur stand für ihn im Vordergrund. Während des Westfeldzuges begann er verstärkt moderne französische Autoren zu lesen. Er entdeckte die antifaschistischen Schriftsteller André Gide und George Bernanos. Für das großspurige Herrenmenschengehabe, das manche seiner siegreichen Kameraden zeigten, hatte er nichts übrig.

Und noch einen anderen Aspekt zeigt der Brief: Hans Scholls Fähigkeit, auf andere Menschen zuzugehen und zwischenmenschliche Hindernisse zu überwinden. Dieser natürliche Charme hat ihm später dabei geholfen, Mitstreiter für seinen Widerstandkreis zu finden. Die weiteren Feldpostbriefe sind von einer zunehmenden Ablehnung des Krieges geprägt. So schreibt er an seine Eltern:

„Ich weiß nicht, ob ich unsere Metzelei noch lange mitansehen kann. Ich will versuchen, mich zur Infanterie als Sanitäter versetzen zu lassen."[64]

Und an seine Schwester Inge berichtet er:

---

64   Brief vom 11. 6. 1940, zit. nach Jens, S. 44.

„Du sollst nicht glauben, dass wir uns im Kriege im Grunde verändern. Niemals. Man muss eben nach außen hin etwas rauer sein. Man muss sich überall durchsetzen."[65]

Die nationalistische Propaganda feierte Militär und Kriegsdienst als „Schule der Nation". Der Dienst fürs Vaterland sollte den Charakter eines Mannes stärken. Für Hans Scholl war der Feldzug keine Charakterschule. Die Kriegserfahrung machte aus ihm keinen harten Weltanschauungskämpfer im Sinne der faschistischen Ideologie. Der humane Kern seines Wesens blieb trotz der schrecklichen Erlebnisse unverändert erhalten. Um es im täglichen Leben etwas leichter zu haben, nahm er jedoch die rauen Umgangsformen seiner Umgebung an.

Die Abkommandierung zum Sanitätsdienst nach dem Ende der Kampfhandlungen empfand er als Befreiung:

„Ich habe mit einigen französischen Schwestern gute Freundschaft geschlossen. Sie arbeiten mit mehr Liebe als unsere Rote-Kreuz-Schwestern. Krankenpflege widerspricht jedem Militärgeiste. Das bekomme ich täglich zu spüren."[66]

So schreibt er an seine Eltern. Die Wochen im Krieg hatten aus dem anfänglich begeisterten jungen Soldaten Hans Scholl einen Pazifisten gemacht, der wie sein Vater den Militarismus ablehnte.

---

65   Brief vom 2. 7. 1940, zit. nach Jens, S. 45.
66   Brief vom 27. 7.1940, zit. nach Jens, S. 46.

Die weitere Kriegserfahrung ließ ihn traumatisiert zurück. Seiner Schwester Inge, die zu dieser Zeit seine engste Vertraute war, schüttete er sein Herz aus:

„Ihr glaubt vielleicht, man müsste weiser und reifer aus dem Kriege zurückkehren. Dies ist nur bei ganz wenigen Menschen der Fall. Ich glaube, ich war vor diesem Wahnsinn innerlicher und aufnahmebereiter. Der Krieg wirft uns weit zurück. Man glaubt es nicht, wie lächerlich der Mensch geworden ist. Wir verlassen den Operationssaal, drinnen stirbt einer, und wir rauchen eine Zigarette."[67]

Seine spätere starke Hinwendung zur Religion half ihm vermutlich, mit diesem Kriegstrauma fertig zu werden. Es ist auch durchaus denkbar, dass die Erlebnisse in Frankreich dazu beigetragen haben, Hans Scholl den Weg in den Widerstand suchen zu lassen: Um den angesprochenen „Wahnsinn" zu beenden, musste das deutsche Volk über den verbrecherischen Charakter des NS-Regimes aufgeklärt werden.

---

[67]   Brief vom 1. 8. 1940, zit. nach Jens, S. 47.

Mitstreiter und
Mentoren

Im November 1940 war Hans Scholls erster Kriegseinsatz beendet. Er konnte sein Studium in München
fortsetzen. Während des Militäreinsatzes hatte er nach
eigenen Angaben kurz erwogen, Offizier zu werden, da er
seine „[...] ewig subalterne Stellung auf die Dauer [...]"[68]
nicht ertragen konnte. Doch jetzt war er froh, wieder
studieren zu können.

Mit Kriegsbeginn wurde an den deutschen Hochschulen das Trimester eingeführt. Das akademische Jahr
gliederte sich nun in drei Teile. Die langen Semesterferien
entfielen und die Studienzeit wurde um ein Drittel ver-
kürzt. Neben der kriegsbedingten Schließung von einigen Hochschulen bedeutete dieser Eingriff eine weitere
Beschneidung des akademischen Lebens im Dritten Reich.
Für die Studenten, Professoren und Dozenten bedeutete
die Änderung einen erheblich höheren Arbeitsaufwand.
Das bekam auch der Medizinstudent Hans Scholl zu
spüren. In einem Brief an seine Eltern stöhnte er:

---

68   Brief an die Mutter vom 1. 9. 1940 aus Versailles, zit. Nach Jens, S. 50.

111

„Viel erzählen kann ich euch nicht, denn mein Schädel ist gepfropft voll mit Anatomie, Physiologie und anderen ologien. Wir rufen uns gegenseitig immer wieder zu: ‚Durchhalten, nicht naaachlassen!‘ Aber wenn diese 10 Wochen vorbei sind! Ich möchte gerne 2 Monate älter sein.“[69]

Scholl stand vor dem Physikum, als er diesen Brief schrieb. Er hatte kurz vorher einen Medizinstudenten kennen gelernt, der erst vor kurzem von der Hamburger Universität nach München gewechselt war. Mit ihm zusammen wollte er sich auf das Physikum vorbereiten. Der Mitstudent hieß Alexander Schmorell.

Alexander Schmorell war gut ein Jahr älter als Hans Scholl. Er hatte einen deutschstämmigen Vater, der als junger Mann nach Russland ausgewandert war und in St. Petersburg eine gutgehende Arztpraxis aufgebaut hatte. Der bald zu Vermögen gekommene deutsche Doktor heiratete die Russin Natalie Vedenskaja, die aus einer Familie von russisch-orthodoxen Geistlichen stammte. Als der Erste Weltkrieg ausbrach, kam der „Reichsdeutsche“ Dr. Hugo Schmorell mit seiner Familie in ein Internierungslager nach Orenburg in Sibirien. Dort leitete er ein Lazarett für deutsche Kriegsgefangene. Im sibirischen Internierungslager kam am 16. September 1917 sein einziger Sohn zur Welt und wurde nach russisch-orthodoxem Ritus auf den Zarennamen Alexander getauft. Als er zwei Jahre alt war, infizierte sich seine Mutter mit Flecktyphus und verstarb.

Nach der Russischen Revolution ging Dr. Hugo Schmorell mit Alexander und einem russischen

---

69   Brief vom 7. 11. 1940, zit. nach Jens, S. 51.

Kindermädchen nach Deutschland zurück und ließ sich 1921 in München nieder, wo es eine große russische Exilgemeinde gab. In München konnte er sich binnen kurzem als Prominentenarzt etablieren und wurde erneut recht wohlhabend. 1920 bekam Alexander eine Stiefmutter, zu der er nie ein gutes Verhältnis aufbauen konnte. Die zweite Frau Hugo Schmorells stammte aus einer deutschrussischen Familie, die ebenfalls vor der Oktoberrevolution geflüchtet war.

Njanja, das russische Kindermädchen, nahm für ihn die Stelle der verstorbenen Mutter ein. Sie erzog den kleinen Alexander im russisch-orthodoxen Glauben, lehrte ihn die russische Kultur und kochte russisches Essen für ihn. Weil sie kein Deutsch verstand, wurde im Hause Schmorell meistens Russisch gesprochen. Alexander Schmorells Muttersprache war Russisch, Deutsch sprach er mit einem leichten russischen Akzent.

So ist es kein Wunder, dass er sich primär als Russe fühlte. Er hatte eine tiefe emotionale Bindung an das Land seiner frühverstorbenen Mutter. Aus seiner Zeit beim *tusk*-Kreis hatte auch Hans Scholl eine große Vorliebe für alles Russische. Vielleicht wurzelte ihre tiefe Freundschaft neben vielen gemeinsamen Interessen in dieser gemeinsamen Liebe zur russischen Kultur.

Als Jugendlicher war Alexander Schmorell im demokratiefeindlichen Stahlhelmverband „Jungbayern" und in der „Scharnhorstjugend" aktiv. Es könnte gut sein, dass ihn die stramm antibolschewistische Ausrichtung dieser Organisationen ansprach, denn er liebte Russland und hasste die Sowjets.

Er verließ die Jugendorganisation des „Stahlhelm" und die Scharnhorstjugend allerdings, als sie in die HJ überführt werden sollten.[70] Aus dem SA-Reitersturm trat er bald wieder aus, weil er „über die Reiterei enttäuscht war".[71]

Von 1934 bis zum Abitur 1937 besuchte Schmorell das Neue Realgymnasium in München. Er lernte dort Christoph Probst kennen, mit dem ihn eine enge Freundschaft verband. Danach musste er für ein halbes Jahr zum Reichsarbeitsdienst (RAD). Im November 1937 trat er, um studieren zu können, freiwillig in ein Artillerieregiment ein. Ein Stubenkamerad von ihm war Jürgen Wittenstein. Über Jürgen Wittenstein, der in München Medizin studierte, lernte Hans Scholl Alexander kennen. Wittenstein hat später mit ihnen zusammen bei der Weißen Rose mitgearbeitet.

1938 musste Schmorell am Einmarsch der deutschen Truppen in die Tschechoslowakei teilnehmen. 1939 konnte er dann endlich sein Medizinstudium aufnehmen. Dazu ging er nach Hamburg. Er begann sein Studium in Norddeutschland, weil er sich in die Schwester seines Freundes Christoph verliebt hatte und in ihrer Nähe sein wollte. Angelika Probst hatte den Leiter des niedersächsischen Landschulheims Marienau, Bernhard Knoop geheiratet. In dieser Werther-Konstellation übernahm Angelika Knoop die Rolle der Lotte und wurde zur engen Vertrauten von Alexander Schmorell. Das Idyll endete, als Schmorell erneut einberufen wurde. In einer Sanitätsabteilung nahm er am Frankreichfeldzug teil. Erst im Herbst 1940 konnte er das Medizinstudium wieder aufnehmen. Er ging nach München und lernte dort Hans Scholl kennen. Es wurde eine schicksalhafte Begegnung,

---

70   Vgl. Süß/Süß, S. 17.
71   zit. nach Zankel, S. 20.

die über das gemeinsame Lernen für das Physikum weit hinausging.

Alexander Schmorell war im Gegensatz zu Hans Scholl kein Intellektueller. Seine Neigungen gingen in eine andere Richtung: Er wäre gern ein bildender Künstler geworden. In der väterlichen Villa hatte er ein eigenes Atelier, in dem er in seiner Freizeit bildhauerte und mit Ton modellierte. Er brauchte die künstlerische Arbeit als Ausgleich für das Leben im Dritten Reich, das er als immer bedrückender empfand: „Ohne Arbeit (unter Arbeit verstehe ich nur die bildhauerische) ist hier in Deutschland für mich der unerträglichste Zustand, den ich mir vorstellen kann"[72], vermerkte er im Winter 1942. Schmorell hasste die ständigen Zwangsdienste, die der NS-Staat von seinen „Volksgenossen" verlangte. Bereits 1937 bezeichnete er den Reichsarbeitsdienst in einem Brief an Angelika Probst als „gewollte und planmäßige Freiheitsberaubung".[73]

Alexander Schmorell, der von sich sagte: „Philosophieren ist nicht meine Sache",[74] der also anders als Scholl kein großer Theoretiker war, lehnte den Nationalsozialismus größtenteils aus emotionalen Gründen ab. Er hasste den Zwang, die kuhwarme nationalsozialistische „Volksgemeinschaft" und die NS-Maxime „Du bist nichts, dein Volk ist alles."

Der nationalsozialistischen Unterdrückung setzte er sein Streben nach Individualität und Selbstbestimmung entgegen. Als Gegenbild zur NS-Diktatur pflegte er ein schwärmerisches Russlandbild, das vor allem auf seiner

---

72   zit. nach Schneider/Süß, S. 12.
73   zit. nach Schneider/Süß, S. 13.
74   zit. nach Schneider/Süß, S. 12.

intensiven Dostojewski-Lektüre beruhte. In Dostojew-skis „Legende vom Großinquisitor" aus den „Brüdern Karamasov" sah er den NS-Staat vorgebildet, dem er die aus dem Herzen kommende Frömmigkeit des russischen Menschen entgegenstellte.

Sein Freiheitswille zeigte sich bereits in seiner äußeren Erscheinung. Er trug gerne enge englische Sakkos und lange Haare wie ein „Swingheini". Angehörige dieser vor allem in Norddeutschland verbreiteten Jugendkultur liebten den ab Kriegsbeginn verbotenen amerikanischen Swing und organisierten illegale Partys, auf denen sie wild zu Jazzmusik „abhotteten". Obwohl die „Swingkids" eher unpolitisch waren, reizte ihr „undeutsches" Verhalten die HJ. Wenn sie einer HJ-Streife in die Hände fielen, konnte es vorkommen, dass sie misshandelt wurden und ihre langen Haare unter Zwang abgeschnitten bekamen.

Außerdem rauchte Schmorell Pfeife, was für einen jungen Mann in Nazideutschland eher ungewöhnlich war. Hitler war zwar Nichtraucher, die NS-Führung propa-gierte aber das damals als modern und dynamisch emp-fundene Zigarettenrauchen. In der „Kampfzeit" finanzierte sich die NSDAP unter anderem durch die Entwicklung einer eigenen Zigarettenmarke für SA-Männer.

Seine Freunde übernahmen diese Angewohnheit. Auch in Uniform rauchten sie Pfeife, weil sie dadurch ziviler wirkten. Die ihnen an der Front zustehende Zigaretten-ration nahmen sie nicht in Anspruch.

Wie sein neuer Freund Hans Scholl studierte Alex-ander Schmorell Medizin eher aus Verlegenheit. Nur seinem Vater zuliebe hatte er das Studium der Heilkunde aufgenommen. Zusammen standen sie die Prüfungen durch. Im Januar 1941 hatten sie das Physikum in der

Tasche. Die folgenden klinischen Semester ergänzten sie durch Famulaturen an verschiedenen Krankenhäusern und Militärlazaretten. Ab April 1941 mussten Hans Scholl und Alexander Schmorell erneut einrücken. Sie wurden mit anderen Kommilitonen Mitglied einer neu aufgestellten Studentenkompanie. Als studierende Soldaten mussten sie die verhasste Uniform auch an der Universität tragen.

Sie hatten aber immerhin manche Privilegien. So wurden sie nach einiger Zeit von der Kasernenpflicht befreit. Die Studenten hatten nach Dienstschluss „Urlaub bis zum Wecken"; wohl auch um die Abendveranstaltungen der Universität besuchen zu können. Zum morgendlichen Antreten und zur Befehlsausgabe am Mittag mussten sich die Mitglieder der Studentenkompanie allerdings in der Kaserne melden. Dieses sture Festhalten am Kommiss-Ritual erzeugte großen Unwillen unter den Studierenden. Auch bei den Famulaturen hatten sie kein Mitspracherecht mehr. Sie mussten jetzt nach Dienstplan in den Militärlazaretten Münchens mitarbeiten.

Trotz des strengen Dienstes an der Universität und bei der Studentenkompanie fanden Scholl und Schmorell Zeit für ausgedehnte Freizeitaktivitäten.

Die beiden sportlichen jungen Männer nahmen Fechtstunden, machten Ausritte oder gingen Skifahren. Auch das Geistige kam nicht zu kurz. Sie besuchten Konzerte und das Theater. Alexander Schmorell veranstaltete in seinem Elternhaus Lese- und Diskussionsabende. Manchmal organisierte er sie zusammen mit seinem Freund Christoph Probst.

Christoph „Christl" Probst wurde am 6. November 1919 in Murnau geboren. Wie sein Freund Alexander

Schmorell stammte er aus bürgerlichen Verhältnissen. Sein Vater hatte ein Vermögen geerbt und konnte als Privatgelehrter leben und arbeiten. Das Forschungsgebiet des Vaters umfasste außereuropäische Religionen und Fragen der Religionsphilosophie. Obwohl sich der Vater stark mit Glaubensfragen auseinandersetzte, erhielt Christoph Probst keine religiöse Erziehung. Er war auch nicht getauft, was für die damalige Zeit ungewöhnlich war. Der Vater vertrat den Standpunkt, dass sich sein Sohn erst im Erwachsenenalter für eine Religion – oder auch keine – entscheiden sollte.

Die Trennung der Eltern scheint für den kleinen Christoph ein traumatisches Erlebnis gewesen zu sein. Er wurde auf verschiedene reformpädagogische Internate geschickt, wo er mit liberalen und demokratischen Ideen in Berührung kam. Trotzdem war er während seiner Zeit am Münchener Neuen Realgymnasium (1934-37) Mitglied der HJ. In seinem Denken konnte der braune Ungeist allerdings kaum Wurzeln schlagen. Dazu hat sicher seine liberale Erziehung beigetragen, aber auch die zunehmende Drangsalierung seiner jüdisch-stämmigen Stiefmutter.

Der Selbstmord des Vaters 1936 belastete Christoph Probst schwer und gab seinem Leben eine neue Richtung. War sein Denken vorher naturwissenschaftlich orientiert, standen für ihn nun philosophische, religiöse und literarische Fragestellungen im Vordergrund. Vermutlich hat seine tiefe Freundschaft mit Alexander Schmorell ihm bei dieser Neuorientierung geholfen.

1937 musste er zum Reichsarbeitsdienst, dann wurde er zum Militärdienst eingezogen. Im Frühjahr 1939 konnte er mit dem Medizinstudium in München beginnen. Nach Kriegsbeginn wurde er zu einer Studentenkompanie der Luftwaffe einberufen. Dort lernte er während seiner Famulatur die Mitstudentin Herta Dorn kennen und lieben. Im Sommer 1941 heirateten sie und bekamen bald hintereinander drei Kinder. Die Familie zog von München nach Innsbruck, wo Christoph Probst weiter bei der Luftwaffe diente.

Die Familie war sein Lebensmittelpunkt. Er, der während seiner Kindheit und Jugend nur ein karges Familienleben kennengelernt hatte, genoss sein eigenes Familienglück in vollen Zügen. Er hatte als angehender Luftwaffenarzt gute Chancen, den Krieg unbeschadet zu überstehen, und war „im allgemeinen ein unpolitischer Mensch",[75] wie seine spätere Gestapo-Beurteilung lautete.

Probst war zwar gegen den Nationalsozialismus eingestellt, aber am Widerstandskampf seiner Freunde nur am Rande interessiert. Seine Familie war für ihn wichtiger. Dass er durch einen unglücklichen Zufall mit als erster in die Mühlen der NS-Justiz geriet, macht ihn zu einer besonders tragischen Figur im Drama um die Weiße Rose.

Nachdem Alexander Schmorell die kritische Haltung, die Hans Scholl gegenüber dem Nationalsozialismus vertrat, im Laufe der Zeit kennengelernt hatte, lud er ihn zu den Leseabenden in seinem Elternhaus ein. Dort lernten sich Hans Scholl und Christoph Probst Ende Mai 1941 kennen.

Mit den Leseabenden wollten Schmorell und Probst eine kulturelle Alternative zur Geistlosigkeit des Nationalsozialismus anbieten. Sie nahmen eine verschüttete

---

75   zit. nach Schneider/Süß, S. 12.

bürgerliche Tradition wieder auf und luden Freunde und Bekannte in ihren literarischen Salon ein. Das Programm war streng unpolitisch. Philosophische und klassische literarische Texte standen im Vordergrund. Trotz der anspruchsvollen Themen ging es in dieser Runde von meist jungen Leuten sehr gesellig zu. Angelika Probst, die zu dieser Zeit nach München übergesiedelt war, berichtet über „nächtelange, vom Wein beschwingte Gespräche".[76]

Die Bandbreite der gemeinsam gelesenen und diskutierten Texte reichten von den „Bekenntnissen" des Augustinus über Werke der deutschen Klassiker bis hin zu Autoren der *renouveau catholique* wie George Bernanos, Paul Claudel und Jacques Maritain. In allen diesen Schriften wurden Alternativen zum allgegenwärtigen Totalitarismus aufgezeigt, ohne dass eine direkte Kritik an den herrschenden Verhältnissen geäußert wurde.

Direkte Kritik war äußerst gefährlich. Auch in einer vertrauten Runde konnte man sich nicht sicher vor Gestapo-Spitzeln fühlen. Susanne Hirzel beschreibt prägnant die geistige Stimmung, die in dieser Zeit herrschte:

„Nur im kleinsten Freundes- und Familienkreis wagte man es, seinem Herzen Luft zu verschaffen [...] Wir fühlten uns vereinzelt und eingeschüchtert; denn viele waren verschwunden in Zuchthäusern oder Lagern, und viele andere wurden zu Verhören zur Gestapo befohlen und waren mit dem Schrecken davon gekommen. Viele dachten auch: ‚Nun haben wir Krieg. Ihm muss alles untergeordnet werden. Dann aber, wenn wir heimkehren,

---

76   zit. nach Schneider/Süß, S. 17.

und wenn der Krieg zu Ende ist, wird vieles anders werden, dann jagen wir die Kerle zum Teufel."[77]

Neben dem Studium und den Leseabenden gingen Scholl
und Schmorell gerne zu weiteren kulturellen Veranstaltungen. Auf einem Konzert im Mai 1941 traf Schmorell
Traute Lafrenz wieder, die er von seiner Arbeitsdienstzeit
in Ostpreußen und vom Medizinstudium in Hamburg
her kannte. Er machte sie mit Hans Scholl bekannt, der
mit zu dem Konzert gekommen war.

Traute Lafrenz wurde am 3. Mai 1919 in Hamburg
geboren. Sie stammte aus einer Beamtenfamilie. Wie
Christoph Probst besuchte sie Reformschulen. An ihrer
Schule, der Hamburger Lichtwark-Schule, wurde großer
Wert auf die musisch-künstlerische und naturwissen-
schaftliche Ausbildung gelegt. Die nationalsozialistische
„Weltanschauung" konnte auch an dieser Schule nie
richtig Fuß fassen. Deshalb wurde die Lichtwark-Schule
1937 geschlossen. Traute Lafrenz hatte zusammen mit
Heinz Kucharski, der später ebenfalls in den Widerstand
ging, die Klasse der regimekritischen Lehrerin Erna
Stahl besucht. Als die Lehrerin 1935 strafversetzt wurde,
blieben Lafrenz und Kucharski weiterhin mit ihr in Kontakt. Die Lehrerin rief einen Lesekreis ins Leben, in dem
sie ihre ehemaligen Schüler nicht nur mit Werken der
deutschen Klassiker, sondern auch mit der von den Nazis
verbotenen „entarteten" Literatur bekannt machte.

Vielleicht war es die gemeinsame Distanz zum Nationalsozialismus, die Traute Lafrenz und Hans Scholl
einander näher brachte. Sie hatten jedenfalls eine heftige

---

77   Hirzel, S. 153.

Liebesaffäre „einen kurzen, schönen Sommer lang [...]".
Im Winter 1941 trennten sie sich, „weil es nicht mit uns
passte",[78] erzählte Traute Lafrenz noch im Jahre 2006 in
einem Interview.

Möglicherweise hat Scholls zunehmende Begeisterung
für theologische Fragestellungen zur Entfremdung der
beiden Liebenden beigetragen. Auch nach dem Ende
ihrer Liebschaft blieben Hans Scholl und Traute Lafrenz
miteinander befreundet. Sogar als Hans Scholl eine neue
Liebesbeziehung mit Gisela Schertling einging, blieb
die junge Medizinstudentin mit der Familie Scholl verbunden, die sie im Sommer 1941 kennen gelernt hatte.
Inge Scholl wurde ihre Freundin. Als Robert Scholl im
Spätsommer 1942 verhaftet wurde, half sie mit, das Steuerbüro weiterzuführen.

Durch Traute Lafrenz erfuhren Scholl und Schmorell
von regimekritischen Kreisen in Hamburg. Sie erkannten,
dass auch in anderen Städten Menschen wie sie dachten. Es stellte sich für sie nur die Frage, wie man an der
Gestapo vorbei mit diesen Leuten in Verbindung treten
könnte. Zunächst boten sich dafür nur persönliche Bezie-
hungen an.

Hans Scholl war ein Mensch, der tiefe und vertrauens-
volle Bindungen eingehen konnte, die sich dann als sehr
haltbar erwiesen. Diese Fähigkeit machte ihn zum Mittelpunkt eines engen, verschworenen Freundschaftsbundes.
Die Weiße Rose ist ohne seine spezielle Begabung zur
tiefgründigen Freundschaft nicht denkbar.

In der ersten Jahreshälfte 1941 steckte Hans Scholl
in einer persönlichen Krise. Die schrecklichen Erlebnisse

---

78   zit. nach Bassler, S. 37.

während des Frankreich-Feldzugs schienen gravierende Spuren in seiner Psyche hinterlassen zu haben. Er stürzte in eine tiefe Depression und zeigte damit Symptome einer posttraumatischen Belastungsstörung (PTBS), wie sie vor allem sensible und künstlerisch begabte Menschen nach Kriegseinsätzen befallen kann.

Bevor er Traute Lafrenz kennenlernte, war er mit Rose Nägele aus Ulm zusammen. Auch sie blieb, nachdem ihre Liebe vergangen war, eine wichtige Briefpartnerin für ihn, der er sein Herz ausschütten konnte.

In einem Brief vom 3. Februar 1941 berichtete er Rose Nägele von den Depressionen, die ihn seit einiger Zeit plagten:

„Ich bin gerade nicht der Jüngling, von Kraft erfüllt und mit beiden Beinen fest in der Welt stehend. Eine verrückte Traurigkeit ist am Grund von allem, und darum möchte ich nicht schreiben.

Verstehe mich recht. Ich meine nicht schwach nach außen hin, sondern eine innere individuelle Unsicherheit, die mit Schwäche eigentlich nichts zu tun hat. Auch nicht [mit] Unausgeglichenheit. Sondern man kommt sich manchmal etwas müde in der Welt vor, alles Streben nach dem Guten scheint hoffnungslos und überflüssig. Vielleicht sind dies Zeiterscheinungen."[79]

Das Leiden an der Zeit, in der das Gute nicht mehr galt, und am Krieg lähmte ihn. In einem weiteren Brief an Rose Nägele schilderte er seine innere Versteinerung:

---

79   zit. nach Jens, S. 55.

„Ich möchte Ja sagen zu allem. Ich möchte sagen, Ja, ich liebe Dich, ja, ich weiß den Weg, oh ja, es ist eine Wonne, ein Mensch zu sein.

Dann schlägt mir jemand die Türe zu. Es ist wieder dunkel, Nacht. Ein kleiner Mensch, zusammengekauert, gedrückt von seinem Jammer, horcht im Dunkel, denkt, grübelt, erkennt, dass es umsonst ist, dass er es nicht erreichen wird. [...]

Es kann sein, dass der Krieg manches verschoben hat in meinem Gehirn."[80]

Der angehende Arzt Hans Scholl erkannte selbst, dass er durch den Krieg psychisch erkrankt war. Zu einer Zeit, in der die Erkenntnisse der „jüdischen" Psychoanalyse als „undeutsch" galten und nicht an den deutschen Hochschulen gelehrt wurden, fehlten ihm aber die Methoden, um den genauen Charakter seiner Erkrankung zu diagnostizieren. In der NS-nahen Psychologie jener Tage galt der Grundsatz, dass ein deutscher Mann die Härten des Krieges ertragen können muss. Männer, die vom Krieg psychisch krank wurden, hatten in Hitlers Volksgemeinschaft nichts zu suchen.

Um nicht als undeutsch zu gelten, musste Scholl sich nach außen hin völlig unverändert durch die Kriegserlebnisse geben. Auf Menschen, die ihn in dieser Zeit kennen lernten, wirkte er deshalb völlig anders als in den Briefen an Rose Nägele. Traute Lafrenz berichtet: „Mir gefiel an ihm, dass er ein bisschen draufgängerisch war."[81]

---

80 Brief vom 24. 2. 1941 aus München, zit. nach Jens, S. 57.
81 zit. nach Bassler, S. 43.

Auch Jürgen Wittenstein lernte ihn als äußerlich starken Menschen kennen, als einen geborenen Anführer: „Hans war außerordentlich überzeugend, er konnte begeistern – aber auch impulsiv und unüberlegt handeln."[82]

Hans Scholl zeigte zu dieser Zeit die Züge einer Borderline-Persönlichkeit. Seine innere Leere stand in scharfem Kontrast zu seinem öffentlichen Auftreten. Er suchte einen Weg, um seine innere Zerrissenheit zu überwinden. Seine neue Liebe half ihm dabei möglicherweise und gab ihm Zuversicht. Er wollte sich der Welt stellen und sie zum Guten hin verändern. Im Mai 1941 schrieb er an Rose Nägele:

„Sollte man hingehen, ein kleines Haus bauen mit Blumen vor den Fenstern und einen Garten vor der Tür und dort Gott preisen und danken und der Welt mit ihrem Schmutz den Rücken kehren? Ist nicht Weltabgeschiedenheit Verrat, Flucht? Das Nacheinander ist zu ertragen. Aus den Trümmern steigt der jungen Geist empor zum Licht [...] Goethe schreibt: ‚Wenn ein Wunder in der Welt geschieht, geschieht's durch liebevolle, reine Herzen.'"[83]

Ein weiterer Weg, um die innere Krise zu überwinden, war für Hans Scholl die persönliche Bekanntschaft mit Carl Muth, den er durch Otl Aicher kennenlernte. Der fast fünfzig Jahre ältere Publizist wurde zum väterlichen Freund für Hans, Inge und Sophie Scholl. Er gab ihrem Leben und Denken eine neue Richtung.

---

82   zit. nach Bassler, S. 97.
83   Brief vom 2. 5. 1941, zit. nach Jens, S. 68.

Der 1867 geborene Carl Borromäus Johann Baptist Muth wollte ursprünglich Missionar werden. 1881 nahmen ihn die katholischen Steyler Missionare auf. Der Missionsorden schickte ihn 1884 nach Algier. Dort lernte er den späteren Kardinal Charles Martial Lavigerie kennen, den Gründer des Missionsordens der Weißen Väter, die hauptsächlich im arabischen Raum tätig waren. Er blieb zeitlebens mit dieser Ordensgemeinschaft verbunden. Bald darauf verließ er die Steyler Missionare und studierte Staatswissenschaften, Volkswirtschaftslehre und Germanistik. Bei Aufenthalten in Paris und Rom befasste er sich neben kunstgeschichtlichen Studien auch mit der sozialen Frage, die angesichts des Massenelends der arbeitenden Bevölkerung für ihn immer drängender wurde.

1895 übernahm Muth die Chefredaktion der Monatsschrift „Alte und Neue Welt. Illustriertes katholisches Familienblatt", das er bis 1902 leitete. 1898 forderte er in dem kritischen Essay „Steht die katholische Unterhaltungsliteratur auf der Höhe der Zeit?" eine neue katholische Belletristik. Muth wollte mit ihrer Hilfe einen Kulturkatholizismus etablieren, der ein Gegengewicht zu dem im Kaiserreich vorherrschenden Kulturprotestantismus bilden sollte. Durch eine erneuerte katholische Literatur sollte der oftmals reaktionäre Katholizismus Anschluss an die Moderne finden.

Um seiner Forderung Geltung zu verleihen, gründete er 1903 die reformkatholische Monatsschrift „Hochland". Sie trug den Untertitel „Monatsschrift für alle Gebiete des Wissens, der Literatur und Kunst". Der Untertitel transportierte den Anspruch, den die neue Kulturzeitschrift hatte. In den genannten Themenbereichen sollte ein Dialog zwischen einem zeitgemäßen, weltoffenen Katholizismus und der nichtkatholischen Umwelt geführt werden. Im Umfeld der Monatsschrift, die bald zu den bedeutendsten Kulturzeitschriften in Deutschland zählte und die mit einer Auflage von bis zu 50 000 Exemplaren auch viele nichtkatholische Leser ansprach, fand sich ein Kreis von katholischen Dichtern und Denkern zusammen. Schriftsteller wie Theodor Haecker, Gertrud von le Fort und Werner Bergengruen; Philosophen und Theologen wie Max Scheler, Romano Guardini und Alois Dempf publizierten regelmäßig in „Hochland".

Das protestantisch geprägte Kulturleben des Kaiserreiches und der Weimarer Republik wurde durch eine gewichtige katholische Stimme erweitert. Die Hochland-Autoren wünschten sich eine zeitgemäße katholische Antwort auf die Herausforderungen der Moderne. Mit dieser offenen Haltung eckten die Mitglieder des Hochland-Kreises oftmals bei Vertretern der Amtskirche an. Die konservativen katholischen Bischöfe und Kirchenoberen hielten in ihrer Mehrheit starr an den überkommenen Strukturen und Traditionen fest. Sie lehnten die in ihren Augen zu starke Anpassung an die sich rasch verändernde Welt ab.

Politisch vertrat die Monatsschrift ein christlich-konservatives Welt- und Menschenbild. Sie hatte eine größtenteils katholisch-rechtsorientierte Leserschaft. Trotz dieser politischen Färbung traten die meisten Hochland-Mitarbeiter für die Weimarer Demokratie ein. Muth verteidigte die Republik vor den Anhängern der Konservativen Revolution und forderte einen „Vernunftsrepublikanismus". Er ließ allerdings auch Artikel abdrucken, in denen die Defizite der Demokratie analysiert wurden und die sich kritisch mit dem Parteienstaat auseinandersetzten.

Die soziale Frage, die angesichts der zunehmenden Massenverelendung immer drängender wurde, gehörte mit zu den Themenschwerpunkten der Zeitschrift. Dieses brennende Problem sollte für die konservativen Autoren des Hochland-Kreises durch einen Appell an die christliche Sozialverantwortung gelöst werden. Die Eigentumsfrage stellten sie nicht.

Carl Muth blieb bis 1935 Chefredakteur seiner Zeitschrift. Wie seine Mitarbeiter lehnte er die NS-Ideologie ab. Hellsichtig erkannte er, dass Hitler ein falscher Prophet war, der Deutschland in den Abgrund führte: „Sie rufen Heil, Heil, wo doch kein Heil ist"[84]. Gleichzeitig versuchte er, einer direkten Konfrontation mit den braunen Machthabern aus dem Weg zu gehen.

Seit der „Machtergreifung" unterlag seine Zeitschrift der Zensur. Der Name Hitlers wurde nie wieder erwähnt. Es erschienen allerdings Artikel über die antike Tyrannis. Wer wollte, konnte hier durchaus Parallelen zur Situation im NS-Staat finden.

An Weihnachten 1939 war die Geduld der Goebbels-Mitarbeiter schließlich zu Ende. In einem von Joseph Bernhard geschriebenen Aufsatz mit dem Titel „Hodie" (lat. – dt.: „heute") hieß es: „Sehet zu, dass da keiner euch verführt durch die Weltanschauung und hohlen Trug."[85] Dieser direkte Angriff auf die NS-Ideologie war zuviel: Die gesamte Auflage wurde verboten und musste eingestampft werden.

---

84   zit. nach: http://www.historisches-lexikon-bayerns.de/artikel_44729.
85   zit. nach: http://de.wikipedia.org/wiki/Hochland_(Zeitschrift).

Im April 1941 wurde eine weitere Ausgabe verboten. In diesem Heft wurde der Philosoph Friedrich Nietzsche, den die Nazis wegen seiner Lehre vom „Übermenschen" als den Begründer ihres Weltbildes verehrten, als „Mörder Gottes"[86] bezeichnet. Kurz darauf, im Juni 1941, bekam die Zeitschrift aus angeblich „kriegswirtschaftlichen Gründen" keine Papierzuteilungen mehr und musste eingestellt werden. Sie sollte erst im November 1946 wieder erscheinen.

Hans und Inge Scholl lernten Carl Muth kennen, weil Otl Aicher sich im Frühjahr 1941, also kurz bevor die Zeitschrift eingestellt wurde, mit einem eigenen Essay an Carl Muth gewandt hatte. Aicher hoffte, den Aufsatz über die Kunst Michelangelos in „Hochland" unterbringen zu können. Professor Muth, der in München-Solln ein Haus hatte, zeigte sich interessiert an dem jungen Mann und lud Aicher ein.

Die Güte des alten Gelehrten und die weltoffene, freundliche Atmosphäre, die in seinem Haus herrschte, beeindruckten Otl Aicher. Er erzählte Carl Muth vom Scholl-Bund und von seinen Freunden. Prof. Muth lud daraufhin im August 1941 auch die älteren Scholl-Geschwister zu sich ein. Es war eine Begegnung, die dem Leben von Hans und Inge Scholl eine neue Richtung geben sollte. Carl Muth nahm sie mit offenen Armen auf. Besonders Hans Scholl hatte es ihm angetan. Er bat den Medizinstudenten, seine umfangreiche Bibliothek zu ordnen. Der humane, weltoffene Katholizismus, den sie durch Carl Muth kennenlernten, sollte auf Hans, Inge und später Sophie Scholl großen Einfluss haben.

---

86   ebd.

Robert und Magdalena Scholl hatten zum Mentor ihrer Kinder ein freundschaftliches Verhältnis. Magdalena Scholl ließ dem ärmlich lebenden alten Gelehrten gelegentlich Nahrungsmittel zukommen. Als Sophie Scholl im Sommer 1942 zum Studium nach München kam, konnte sie für ein paar Wochen bei Carl Muth wohnen, bis sie in der Stadt eine Bleibe gefunden hatte.

Durch Carl Muth lernte Hans Scholl unter anderem Theodor Haecker kennen, einen Schriftsteller des Hochland-Kreises, der von den Nationalsozialisten mit einem Schreibverbot belegt worden war.

Der 1879 geborene Theodor Haecker gehörte zu den wichtigsten katholischen Autoren der Zwischenkriegszeit. Er wurde als Satiriker bekannt, der in der Kaiserzeit und in den ersten Jahren der Weimarer Republik scharfe Kritik an den gesellschaftlichen Verhältnissen übte. Haecker ließ sich in München nieder und übersetzte Vergil, Søren Kierkegaard und die Schriften John Henry Newmans. Durch die Werke des englischen Kardinals und unter dem Einfluss von Max Scheler entdeckte er den christlichen Glauben neu. Haecker konvertierte zum Katholizismus. In den katholischen Zeitschriften „Der Brenner" und „Hochland" fand er ein Forum für seine kulturkritisch-theologischen Aufsätze.

1931 erschien sein epochales Werk: „Vergil. Vater des Abendlandes". Auch Hans und Sophie Scholl kannten das Buch, das vor der NS-Zeit große Beachtung fand.

In Haeckers Vergil-Buch geht die abendländische Kultur auf den römischen Staatsdichter zurück. Für ihn ist in Vergils Werken das Christentum bereits angelegt. Weil der Katholizismus das Erbe des römischen Reiches angetreten hat, ist die von Vergil begründete abendländische Kultur ohne das römische Christentum nicht denkbar. Ohne seine christlichen Wurzeln ist Europa nach Haeckers Ansicht „nur ein Sandkorn im Wirbelwind der Meinungen, Ideen und Religionen".[87] So wie es keine europäische Kultur ohne das Christentum geben kann, so ist auch der Mensch ohne Bezug auf Gott nicht denkbar: „Man sucht heute krampfhaft nach ‚dem Menschen', aber man sucht etwas, das es überhaupt nicht gibt, den autonomen Menschen."[88]

Der christliche Existenzialismus Haeckers ist himmelweit von der NS-Ideologie entfernt. Das Führerprinzip und der nationalsozialistische Rassenwahn sind für ihn mit dem Christentum und damit mit der europäischen Kultur nicht vereinbar. Christen müssen sich seiner Meinung nach gegen den atheistischen Machtanspruch des NS-Staates zur Wehr setzen. Anneliese Knoop-Graf fasst Haeckers Philosophie wie folgt zusammen:

„Orientierungspunkt war die Erkenntnis, dass Christsein und Menschsein eine Einheit bilden, und dass der Christ von daher auch als politisch denkender und handelnder Mensch gefordert sei; dass Nationalsozialismus und Christentum unmöglich miteinander in Einklang zu bringen waren, es also Kooperation und Kompromisse mit diesem gottwidrigen System niemals geben dürfe."[89]

Haeckers christliche Existenzphilosophie sollte bei Hans und Sophie Scholl auf fruchtbaren Boden fallen.

---

87   zit. nach Schüler, S. 122.
88   zit. nach Schüler, S. 124.
89   Anneliese Knoop-Graf: „Das wird Wellen schlagen". Im Gedenken an Sophie Scholl. In: Rudolf Lill: Hochverrat. Neue Forschungen zur Weißen Rose. S. 41-65, hier S. 44.

131

Das Rede- und Publikationsverbot traf Haecker im Jahre 1936. Mit der Zeit verschwand er aus dem kulturellen Bewusstsein. Wie so viele Intellektuelle, die Hitlers Reich nicht verlassen konnten, ging er in die innere Emigration. 1939 begann er mit der Niederschrift seiner „Tag- und Nachtbücher", die zu seinem philosophischen Hauptwerk werden sollten. Sie enthalten viele Reflexionen über das ständig bedrohte Leben im NS-Staat.

Der fast schon vergessene Autor freute sich über das Interesse und die Neugier der jungen Scholl-Geschwister. Hans und Sophie Scholl organisierten später geheime Lesungen, an denen nur vertrauenswürdige Personen teilnehmen durften. Haecker trug bei diesen Gelegenheiten mehrmals aus seinen Texten vor. Seine bemerkenswerte Erscheinung hinterließ bei den Anwesenden einen tiefen und bleibenden Eindruck. Kurz vor ihrer Verhaftung schrieb Sophie Scholl an ihren bei Stalingrad verwundeten Verlobten Fritz Hartnagel:

„An Deinem Geburtstag war Haecker bei uns. Das waren eindrucksvolle Stunden. Seine Worte fallen langsam wie Tropfen, die man schon vorher sich ansammeln sieht, und die in diese Erwartung hinein mit ganz besonderem Gewicht fallen. Er hat ein sehr stilles Gesicht, einen Blick, als sähe er nach innen. Es hat mich noch niemand so mit seinem Antlitz überzeugt wie er."[90]

Muth und Haecker gerieten im Zuge der Ermittlungen gegen den Scholl-Kreis in das Fadenkreuz der Gestapo. Muth kam mit einer Hausdurchsuchung durch zwei

---

90   Brief vom 7. 2. 1943, zit. nach Hartnagel, S. 446.

Gestapo-Beamte davon. Haecker wurde vor dem Volksgerichtshof angeklagt, später aber mangels Beweisen freigesprochen. Während der Hausdurchsuchung durch die
Gestapo gelang es Haeckers Tochter, die Manuskripte der
„Tag- und Nachtbücher" aus dem Haus zu schmuggeln.

Die Ermordung von Hans und Sophie Scholl traf
Carl Muth schwer. Werner Bergengruen berichtet, dass
der alte Gelehrte wie ein Vater um sie getrauert hat. Er
verschied im Jahre 1944. Theodor Haecker überlebte ihn
nur um wenige Monate. Er verstarb kurz vor dem Ende
des „Dritten Reiches" am 9. April 1945.

Auf Vermittlung von Carl Muth wurde für Hans
Scholl und Alexander Schmorell ein Lesetisch in der
Stiftsbibliothek der Benediktinerabtei St. Bonifaz in
München eingerichtet. In den Patres Romuald Bauerreiß
und Mauritius Schurr fanden sie weitere Mentoren. Zu
den Benediktinern fassten Scholl und Schmorell schnell
Vertrauen. Die Stiftsbibliothek war einer der wenigen
Orte in München, an denen der braune Ungeist nicht
herrschte. Der Ort erschien Hans Scholl als so sicher,
dass er seine Schreibmaschine später den Patres übergab.
Pater Schurr hat Scholls Schreibmaschine, auf der die
Flugblätter der Weißen Rose geschrieben wurden, noch
jahrzehntelang weiterbenutzt.[91]

Die beiden Studenten befassten sich dort hauptsächlich mit dem Philosophen Thomas von Aquin. Der
mittelalterliche Weisheitslehrer räumt unter bestimmten
Umständen die Möglichkeit zum Tyrannenmord ein.
Damit unterscheidet er sich von den meisten anderen

---

91 Vgl. Detlef Bald: Die „Weiße Rose". Von der Front in den Widerstand.
    Berlin 2004, S. 18.

christlichen Denkern. In der christlichen Tradition galt der Satz des Apostels Paulus, dass jegliche Obrigkeit von Gott kommt. Ein Gläubiger darf sich deshalb der von Gott eingesetzten Führung nicht widersetzen – selbst wenn sie böse und ungerecht ist, muss der Gläubige sie als eine göttliche Prüfung hinnehmen.

Für Thomas muss eine Obrigkeit die Dienerin Gottes sein. Nur so hat sie ihre Berechtigung. Ein Tyrann aber verstößt gegen die Gebote Gottes und darf deshalb notfalls mit Gewalt beseitigt werden. Für die beiden gläubigen Medizinstudenten war dieser Satz wie eine Befreiung. Als Soldaten waren sie an den Fahneneid gebunden, den sie auf Hitler geschworen hatten. Nun brauchten sie sich nicht mehr an diesen Schwur gebunden zu fühlen. Gegen einen ungerechten Herrscher war der Widerstand erlaubt.

Die Hinwendung zum Katholizismus half Hans Scholl endgültig aus seiner Persönlichkeitskrise. Befreit schrieb er am 22. Dezember 1941 an Carl Muth:

„Einige Worte des Dankes möchte ich an Sie richten, die sich leichter schreiben als sagen lassen. Ich bin erfüllt von der Freude, zum ersten Mal in meinem Leben Weihnachten eigentlich und in klarer Überzeugung christlich zu feiern. […] Ich hörte den Namen des Herrn und vernahm ihn. In diese Zeit fällt meine erste Begegnung mit Ihnen. Dann ist es von Tag zu Tag heller geworden Dann ist es wie Schuppen von meinen Augen gefallen. Ich bete. Ich spüre einen sicheren Hintergrund und sehe ein sicheres Ziel. Mir ist in diesem Jahr Christus neu geboren."[92]

---

92   Jens, S. 94.

Er hatte endlich gefunden, wonach er seit seiner Jugend gesucht hatte: ein festes Fundament für sein als brüchig empfundenes Leben. Im Frühling hatte er noch an Rose Nägele geschrieben:

„Aber dann sehe ich manchmal den dunklen Schacht unserer Unwissenheit und sehne mich nach einem geschlossenen Weltbild."[93]

Nun hatte er seine Unkenntnis überwunden und seinem Leben eine feste Richtung gegeben. Er glaubte nun zu wissen, was richtig und falsch sei.

---

93   Jens, S. 72.

Die Weiße Rose

Im Spätwinter 1942 nahm Hans Scholl an einer Abendgesellschaft im Hause des NS-kritischen Soziologen Alfred von Martin teil. Scholl war durch die Vermittlung von Carl Muth zu dieser Veranstaltung eingeladen worden. Er lernte dort den Justizbeamten Josef Furtmeier kennen, der ebenso wie Scholl die Nazis verabscheute. Furtmeier machte Hans Scholl im März 1942 mit dem Architekten Manfred Eickemeyer bekannt, der sein Atelier ganz in der Nähe von Scholls Studentenbude hatte. Eickemeyer war dienstverpflichtet und beaufsichtigte Wehrmachts-Bauprojekte im besetzten Polen. Der Architekt war deshalb wiederholt für mehrere Wochen im Jahr nicht in München. Während der Polenaufenthalte durfte Scholl, der nur ein enges Zimmer bewohnte, Eickemeyers leer stehendes Atelier für kulturelle Veranstaltungen nutzen. Für die Geschichte der Weißen Rose ist aber noch ein anderer Aspekt von Bedeutung: Der Architekt berichtete Hans Scholl vom deutschen Massenmord an den Juden.

Nach der Pogromnacht im November 1938 hatte der Verfolgungsdruck auf die Juden weiter zugenommen. Ab dem Kriegsbeginn wurden die Juden zu „Reichsfeinden" erklärt. Sie wurden aus ihren Wohnungen vertrieben und in speziellen „Judenhäusern" zusammengepfercht. Gestapobeamte übten auf mit jüdischen Partnern verheiratete „Arier" verstärkt Druck aus, sich scheiden zu lassen. Die Ehe mit „Ariern" schützte das Leben der Juden, sonst waren sie allerdings den gleichen Einschränkungen wie alle anderen „Nichtarier" unterworfen.

Zu diesem Zeitpunkt zielten die antijüdischen Maßnahmen auf die Vertreibung der Juden aus Deutschland, selbstverständlich nachdem man sie ihres Eigentums beraubt hatte. Das „Großdeutsche Reich" sollte „judenrein" werden. An Massenmord dachte offiziell noch niemand.

Das änderte sich schlagartig, als durch die Eroberung Polens zwei Millionen polnische Juden den Deutschen in die Hände fielen. Bereits zwei Tage nach dem deutschen Überfall begannen die ersten Judenmassaker. Bis Dezember 1939 hatten SS und SD 7000 Juden umgebracht. Sie gehörten zu den insgesamt 60 000 Toten aus der polnischen Ober- und Bildungsschicht, die von den Deutschen umgebracht wurden, um das polnische Volk zu unterjochen.

1940 gab es noch immer Überlegungen, die europäischen Juden in ein außereuropäisches Territorium umzusiedeln („Madagaskarplan"). Nachdem es aber nicht gelungen war, England in die Knie zu zwingen, zerschlugen sich diese Pläne. Deshalb beschloss der mit der Judenfrage beschäftigte SS-Stab, die westeuropäischen und westpolnischen Juden bei Lublin in einer möglichst unwirtlichen Gegend anzusiedeln. Auch dieser Plan war nicht durchführbar, weil die Transportkapazitäten fehlten. Als Ersatzlösung schuf man große Gettos in Lodz und in Warschau. Hier sollten die von überallher zusammengetriebenen Juden langsam verhungern oder an Krankheiten zugrunde gehen.

Als die Wehrmacht im Sommer 1941 die Sowjetunion überfiel und in kurzer Zeit gewaltige Gebiete eroberte, kamen weitere Millionen von Juden unter die Herrschaft der Nazis. Für die radikalantisemitischen Kräfte innerhalb der SS war es nun an der Zeit, auf eine „Endlösung der Judenfrage" hinzuarbeiten. Das europäische Judentum sollte ausgelöscht werden.

Ab 1941 mussten alle Juden einen gelben Stern gut sichtbar an ihrer Kleidung tragen. Wenn sie gegen diese Anweisung verstießen, hatten sie mit empfindlichen Strafen zu rechnen. Gegen Ende des Jahres wurde den verbliebenen deutschen Juden die Ausreise verboten. Das Schicksal der meisten war damit besiegelt.

Am 20. Januar 1942 fand in einer Villa am Wannsee eine „Besprechung mit anschließendem Frühstück" statt. Unter dem Vorsitz von Heydrich fand sich eine größere Anzahl von Staatssekretären zusammen. Es fehlten lediglich Beamte aus dem Verkehrsministerium, der Reichsbahn, dem Finanzministerium und hohe Offiziere der Wehrmacht. Auf der Wannseekonferenz wurde die Vernichtung von elf Millionen europäischen Juden beschlossen. Die „Jahre der Vernichtung" (Saul Friedländer) waren angebrochen.

SS-Einsatzgruppen wurden aufgestellt, deren Aufgabe es war, die Ermordungen hinter der deutschen Front durchzuführen. Zuerst rotteten die SS-Spezialeinheiten durch Massenerschießungen ganze jüdische Gemeinden aus. Diese Methode erschien den Henkern aber bald als zu wenig effektiv. Im Laufe des Jahres begann die SS mit dem Aufbau der ersten Todesfabriken, in denen mit Giftgas getötet wurde. Das unter dem Symbolnamen Auschwitz bekannte, in der Geschichte einmalige Morden im industriellen Maßstab nahm seinen Anfang. Am 29. Dezember 1942 konnte Himmler an Hitler melden, dass die SS allein in der Südukraine etwa 380 000 Juden „exekutiert" hatte. Am Ende wurden im deutschen Namen zwischen 5,3 und 6,1 Millionen jüdische Menschen ermordet.

Die NS-Führung tat einiges, um die grausamen Massenmorde vor der Bevölkerung zu vertuschen. Juden wurden immer stärker isoliert und in Nacht-und-Nebel-Aktionen über abgelegene Bahnhöfe in den Osten „umgesiedelt". Die Deutschen erlebten zwar die alltäglichen Ausgrenzungen und Demütigungen der Juden mit, nach dem Willen der NS-Führung sollten sie aber von deren Ermordung nichts erfahren.

Trotz aller Verschleierungsmaßnahmen wurden Informationen über den Judenmord insgeheim weitergereicht. Wehrmachtssoldaten sahen auf dem Weg an die Front die Transportzüge voller Juden. Deutsche Soldaten wurden oftmals Zeuge von Massenerschießungen. Es kam vor, dass sie mithelfen mussten, das Areal abzusperren, auf welchem die Exekutionen stattfanden. Zivile Beamte und Dienstverpflichtete wie Eickemeyer waren gewöhnlich gut über die Mordaktionen informiert. Wer von der Judenvernichtung wissen wollte, konnte viel darüber erfahren. Die meisten Deutschen interessierte das Schicksal der Juden jedoch nicht. Der nationalsozialistische „Erlösungsantisemitismus" (S. Friedländer) hatte im deutschen Volk zu keimen begonnen.

Hans Scholl konnte sein neu erworbenes Wissen über den Judenmord nicht für sich behalten. Im Frühjahr 1942 erzählte er seinem Freund Hans Hirzel davon, einem

Ulmer Pfarrerssohn, dessen Schwester Susanne mit Sophie Scholl zusammen die Schulbank gedrückt hatte. Susanne Hirzel schildert die Szene so:

„Anfang 1942, als Hans Scholl als Mediziner für ein Semester vom Frontdienst beurlaubt war, machten die beiden in winterlicher Landschaft einen längeren Spaziergang, bei dem sie sich über Politik aussprachen. Hans Scholl berichtete damals von Massenerschießungen in Polen durch die deutsche Staatsmacht, von schweren Verbrechen, die nach seiner Ansicht uns nach einem verlorenen Krieg schwer angelastet würden. Wie sollte man sich unter solchen Umständen verhalten, musste man praktisch gegen den eigenen Staat handeln, der sich im Krieg befindet? Hans Scholl verneinte das damals, er meinte, als junge Leute stünden wir zu weit weg von den Zentren der Entscheidung, wir seien zu jung, eine solche Eigenmächtigkeit stehe uns nicht zu. Er meinte es sei frevelhaft, ,ins Rad der Geschichte' eingreifen zu wollen; es sei sogar Sünde, im Krieg die Ordnungsstrukturen des Staates anzugreifen. Als Hans bemängelte, zuerst einmal müsse man aus erster Hand genaueres wissen über die Verbrechen, man müsse beweiskräftige Dokumentationen haben, wurde Hans Scholl wütend, dies sei nicht nötig, mehr als genug sehe doch jedermann, was ,die Nazis für Leute seien.'"[94]

Im Frühjahr 1942 war Hans Scholl noch nicht bereit, gegen „diese Leute" vorzugehen. Noch hielt ihn die Prägung durch seine konservativen Mentoren davon ab, „dem

---

94   Hirzel, S. 172.

kämpfenden Vaterland in den Rücken zu fallen". Erst ein weiteres Ereignis brachten ihn und Alexander Schmorell dazu, den Lauf der Geschichte aktiv ändern zu wollen.

Es gab seit der letzten Jahrhundertwende bereits Überlegungen, im Sinne der „Rassenhygiene" eine „Höherzüchtung der arischen Rasse" durch die Vernichtung von „lebensunwertem Leben" zu erreichen. Nach dem Ersten Weltkrieg wurden diese Überlegungen in der Wissenschaft nicht mehr länger als Spinnereien abgetan. Ein neues Fach, die „Eugenik" entstand. Die Eugeniker wollten die Gesellschaft verbessern, in dem man die „Minderwertigen" daran hinderte, sich weiter fortzupflanzen. Diese Ideen wurden nicht nur von den Faschisten aufgegriffen. Auch im sozialdemokratisch regierten Schweden wurden bis in die 1940-er Jahre hinein Alkoholikern die Kinder weggenommen und „Asoziale" zwangssterilisiert.

Eugenische Gedanken fanden wie von selbst Eingang in die NS-Ideologie. Höherzüchtungsfantasien und Aufnordungswünsche gehörten zu den tragenden Säulen von Hitlers Ideengebäude. In Hitlerdeutschland wurden deshalb die Ideen der Eugeniker besonders radikal umgesetzt.

Gleich nach der Machtübernahme begann Goebbels' Propaganda, gegen Behinderte zu hetzen. Sie wurden als „unnütze Fresser" dargestellt, die man am besten beseitigte. Das erfolgreiche Film-Melodram „Ich klage an" machte Stimmung für die Tötung von unheilbar Kranken. Die „Euthanasie" (griech. – dt.: schöner Tod) von Schwerkranken und Behinderten sollte von Hitlers „Volksgemeinschaft" akzeptiert werden.

Man begnügte sich bald nicht mehr mit Heiratsverboten für Behinderte und Zwangssterilisationen. Die

Nazis begannen seit Kriegsbeginn damit, „lebensunwerte"
Behinderte und „rassisch Minderwertige" im großen
Stil umzubringen. Die NS-Bürokratie bezeichnete den
Behindertenmord als „Eu-Aktion". In der Forschung
eingebürgert hat sich der Begriff „Aktion T4" nach der
Berliner Tiergartenstraße 4. Dort befand sich die Mord-
zentrale.

1939 wurden mindestens 5000 geistig und körperlich
behinderte Kinder umgebracht. Bis zum offiziellen Stop
der Aktion im August 1941 wurden weitere 70 000
erwachsene Bewohner von Heil- und Pflegeanstalten
ermordet. Die Methoden reichten von tödlichen Injek-
tionen über den Hungertod bis hin zum Vergasen durch
Kohlenmonoxid. Dazu sperrte man die Opfer in speziell
abgedichtete Gaswagen oder in gasdichte Räume ein, in
die man dann Motor-Abgase leitete. Das industrielle Vergasen von Menschen wurde erstmals während der Aktion
T4 erprobt.

Obwohl Behinderte damals nicht in die Gesellschaft
integriert waren und in Pflegeeinrichtungen abgescho-
ben wurden, regte sich Widerstand in der Bevölkerung.
Beschäftigte von Pflegeheimen berichteten unter der
Hand von den Morden. Anders als bei den Juden regte
sich Mitleid. Die deutsche Bevölkerung wollte vor allem
die Tötung von behinderten Kindern nicht so einfach
hinnehmen.

Die NS-Führung sah sich gezwungen, den organisierten Massenmord an den Behinderten zu stoppen. Hinter-
rücks gingen die Tötungen jedoch weiter. Bis Kriegsende
wurden mindestens 20 000 kranke und arbeitsunfähige
KZ-Häftlinge „euthanasiert". Auch erwachsene Behinderte wurden weiter heimlich getötet, meistens um in

den Pflegeheimen Platz für verwundete Soldaten und für Bombenkriegsopfer zu schaffen. Dieser „wilden Euthanasie" fielen weitere 30 000 Menschen zum Opfer.

In den Kirchen regten sich Stimmen, die sich zumindest mit diesem Mord an unschuldigen Menschen nicht abfinden wollten. Zur Judenverfolgung hatten die beiden großen Kirchen weitgehend geschwiegen. Nur vereinzelt setzten sich Kirchenvertreter für getaufte Juden ein. Bei den Behinderten war das anders. Hier versuchten die Kirchen Druck auf die NS-Regierung aufzubauen. Ein besonders prägnantes Beispiel liefert Clemens August Graf von Galen, der Bischof von Münster. In der Weimarer Zeit war Graf von Galen auch politisch aktiv. Als Angehöriger des konservativen Zentrumflügels kämpfte er gegen das Aufkommen der Nazipartei. Als er 1933 zum Bischof von Münster gewählt wurde, nahm er in seinem Bistum den Kampf gegen die NS-Ideologie auf. Er beauftragte einen Bonner Kirchenhistoriker damit, eine kritische Studie zu Alfred Rosenbergs „Der Mythus des 20. Jahrhunderts" anzufertigen. Der wissenschaftliche Verriss dieses Zentralwerks der NS-Ideologie wurde im Amtsblatt der Diözese Münster veröffentlicht. In verschiedenen Predigten verurteilte er das „Neuheidentum" der Nationalsozialisten und forderte seine Gläubigen notfalls zum Martyrium im Kampf gegen die braune „Abgötterei" auf. Er war neben dem Münchener Kardinal von Faulhaber an der Entstehung der päpstlichen Enzyklika „Mit brennender Sorge" beteiligt, mit der Papst Pius XI. 1936 auf die sich verschärfende Situation der Gläubigen und der Kirche einging. Graf von Galens Protest richtete sich zunächst nur gegen das Neuheidentum und die kirchenfeindliche Politik der NS-Führung.

Er hatte aber auch eine andere Seite. Als national eingestellter Konservativer befürwortete er die aggressive Außenpolitik Hitlers. Den Überfall auf die Sowjetunion begrüßte er sogar als Kampf gegen die „jüdisch-bolschewistische Machthaberschaft". Wie so viele Konservative war auch von Galen ein Antisemit. Im Juli und August 1941 hielt er drei Predigten, die ihn berühmt machen sollten und ihm den Ehrentitel „Löwe von Münster" eintrugen.

In den Predigten kritisierte er hauptsächlich die antikirchlichen Maßnahmen der NS-Behörden. Das Wohl seiner Kirche stand für den Bischof im Vordergrund. In der dritten Predigt, gehalten am 3. August 1941 in St. Lamberti, sprach er allerdings auch über die systematische Tötung von Behinderten. Er nannte das Vorgehen der Behörden „Mord" und verkündete, dass er deswegen Strafanzeige bei der Staatsanwaltschaft Münster gestellt habe. Er wandte sich gegen die Vorstellung, dass „unproduktive Menschen" das Recht auf Leben verwirkt haben: „Hast du, habe ich nur so lange das Recht zu leben, solange wir produktiv sind, solange wir von den anderen als produktiv anerkannt werden?"[95]

Auszüge der Predigt wurden von illegal arbeitenden katholischen Pfadfindern kopiert und heimlich in Umlauf gebracht.

Eine anonym zugestellte Kopie der Predigt fand sich im Frühling 1942 auch im Ulmer Briefkasten der Familie Scholl. Hans Scholls Reaktion darauf war: „Man sollte einen Vervielfältigungsapparat haben."[96]

---

95 http://de.wikipedia.org/wiki/Clemens_August_Graf_von_Galen, 10.1.2013.
96 Scholl, S. 26.

In den nächsten Wochen schritt er zusammen mit Alexander Schmorell zur Tat. Sie besorgten sich eine Schreibmaschine, Matrizen und einen Matrizendrucker. Im Juni und Juli 1942 stellten sie vier antinationalsozialistische Flugblätter her. Die Flugblätter unterzeichneten sie mit „Die Weiße Rose".

Über die Bedeutung dieses Namens gibt es nur Vermutungen. Mal wird auf Brentanos „Romanzen vom Rosenkranz" verwiesen, mal auf einen zeitgenössischen Roman von B. Traven. Die weiße Rose soll im 18. Jahrhundert auch das Hoheitszeichen von französischen Adeligen gewesen sein, die gegen die Revolution in ihrem Land zu Felde zogen.

Denkbar scheint aber auch die Weiße Rose als Symbol der unbefleckten Wahrheit, die aus dem Schmutz der NS-Propaganda hervorleuchtet. Denn darum ging es Scholl und Schmorell. Sie wollten ihre Landsleute über den verbrecherischen Charakter des NS-Regimes aufklären, in dem sie das Informationsmonopol der Regierung aufbrachen. Sie glichen damit modernen Bloggern, die in Staaten mit Unrechtsregimen gegen die Regierungspropaganda anschreiben.

Die Flugblätter sind nicht immer leicht zu verstehen. Mit Zitaten von Goethe, Schiller und Novalis, mit Gedanken des altchinesischen Philosophen Laotse und des spätantiken Kirchenvaters Augustinus sollen die Leser über den verlorenen Krieg und den verbrecherischen und geistfeindlichen Charakter des NS-Regimes aufgeklärt werden.

In einer Passage des zweiten Flugblatts, die höchstwahrscheinlich von Schmorell stammte, wird die Judenvernichtung angeprangert und die Vernichtung der polnischen Oberschicht durch die deutschen Besatzer. Das deutsche Volk soll aus seinem Schlaf erwachen und die faschistischen Verbrecher bekämpfen, bevor es noch mehr Schuld auf sich lädt.

Im dritten Flugblatt werden Scholl und Schmorell zunehmend politisch. Sie fordern ihre Landsleute zum passiven Widerstand auf: „Der Sinn und das Ziel des passiven Widerstands ist, den Nationalsozialismus zu Fall zu bringen, und in diesem Kampf ist vor keinem Weg, vor keiner Tat zurückzuschrecken, mögen sie auf Gebieten liegen, auf welchen sie auch wollen."[97]

Im vierten Flugblatt betonen sie ausdrücklich, „dass die Weiße Rose nicht im Solde einer ausländischen Macht steht".[98] Es geht ihnen um ein besseres Deutschland, das sich nur durch den Widerstand gegen die NS-Verbrecher als zivilisierte Nation erweist. Sie fordern eine schwere Bestrafung der Täter, damit „niemand auch nur die geringste Lust je verspüren sollte, Ähnliches aufs neue zu versuchen".[99] Am Ende verabschieden sie sich mit folgenden Worten von ihren Lesern: „Wir schweigen nicht, wir sind euer böses Gewissen; die Weiße Rose lässt Euch keine Ruhe!"[100]

Die Flugblätter entstanden in Schmorells Elternhaus und hatten eine Auflage von je hundert Exemplaren. Sie wurden im Raum München mit der Post an Personen verschickt, die willkürlich aus dem Telefonbuch ausgewählt waren. Meistens handelte es sich dabei um Persönlichkeiten, die einen akademischen Titel führten oder im

---

97   Scholl, S. 86.
98   Scholl, S. 90.
99   ebd.
100   Scholl, S. 91.

Bildungs- oder Kulturbereich tätig waren. Hans Scholl hielt an dem Eliten-Konzept fest, das er während seiner Zeit beim *tusk*-Kreis kennengelernt hatte. Nur von der Bildungselite konnten seiner Meinung nach die notwendigen Veränderungen ausgehen. Mit diesem Denken war er ganz ein Kind seiner Zeit.

Viele der Flugblätter wurden bei der Gestapo abgegeben. Fieberhaft versuchten die Beamten, etwas über die neue Widerstandsgruppe herauszufinden. Als nach einem Monat keine weiteren Flugblätter auftauchten, wurde der Vorgang vorerst zu den Akten gelegt.

Als die ersten Flugblätter in ihrem Familien- und Freundeskreis auftauchten, stritten Scholl und Schmorell jede Beteiligung ab. Sie wollten niemanden durch Mitwisserschaft in Gefahr bringen. Wahrscheinlich wussten nur Traute Lafrenz und der Medizinstudent Jürgen Wittenstein von der Sache. Scholl und Schmorell war bewusst, dass sie sich durch die Flugblätter in tödliche Gefahr gebracht hatten. Sie hatten gegen den Fahneneid verstoßen, den sie auf Hitler geleistet hatten. Ihr Aufruf zum passiven Widerstand galt in den Augen der NS-Justiz als Hochverrat und konnte mit dem Tod bestraft werden.

Die Nationalsozialisten hatten panische Angst vor einem erneuten „Dolchstoß". Um an der „Heimatfront" Ruhe zu haben, war ihnen jedes Mittel recht. Dabei griffen sie allerdings nicht nur auf die allgegenwärtige Propaganda und den Terror zurück. Durch soziale Wohltaten und eine gute materielle Versorgung der eigenen Bevölkerung versuchten sie, die Heimat bei Laune zu halten. Die NS-Führung wollte so verhindern, dass eine revolutionäre Stimmung gegen ihre Herrschaft aufkam. Deshalb war jeder, der auch nur die leiseste Kritik äußerte, ein Verräter und konnte mit Zuchthaus oder KZ bestraft werden.

Sophie Scholl, die seit dem Frühjahr in München studierte, ließ sich nicht täuschen. An einigen Formulierungen erkannte sie, dass die Flugblätter von ihrem ältesten Bruder stammen mussten. Zu ihrem Schutz versuchte Hans zu leugnen, doch sie bestand darauf, an der gemeinsamen Arbeit beteiligt zu werden. Ihr wirklicher Anteil an der Widerstandsarbeit ist umstritten. Gesichert ist, dass ihr die Verwaltung der Geldmittel übertragen wurde. So hat sie Hans Hirzel einmal achtzig Reichsmark übergeben, um in Ulm einen Vervielfältigungsapparat zu besorgen.

Bis auf Werner Scholl waren alle Geschwister anfangs vom Nationalsozialismus begeistert gewesen, so auch Sophie. 1933 trat sie den Jungmädeln bei und später dem BDM. Wie ihre Geschwister hätte sie in der NS-Organisation Karriere machen können. Sie wurde zur Jungmädel-Führerin befördert, bald aber wieder abgesetzt, weil sie wie ihr älterer Bruder einen besonderen Wimpel für ihre Einheit besorgt hatte. Wie Susanne Hirzel berichtet, sollte der Wimpel Runen statt des Hakenkreuzes tragen. Diese Missachtung des zentralen NS-Symbols wurde ihr als „Treulosigkeit" ausgelegt.[101]

Wahrscheinlich hat sie sich früher als ihre Geschwister vom Nationalsozialismus abgewandt. Susanne Hirzel schreibt über ihre Freundin:

„Sophie, dunkelhaarig und dunkeläugig, war für mich eine helle Gestalt. Kritisch und neugierig blickte sie aus den

---

101   Vgl. Hirzel, S. 103.

Augen, hatte einen klaren Kopf und ein mutiges Urteil. So jemand war eine kostbare Seltenheit. [...] Sophie hatte zusätzlich zu ihrer Intelligenz große innere Freiheit, stand immer in Gedankenaustausch mit ihrem Vater, ihren Geschwistern und ihren Freunden, die zum Teil älter waren als sie selbst. – Wie ihre Mutter hatte sie eine leise Stimme, wirkte zuweilen fast sanft, konnte aber auch, wie früher in ihrer burschikosen Phase, knabenhaft keck und übermütig sein. Sie war gradlinig, offen und ehrlich, manchmal leicht ironisch, verschwiegen in privaten Angelegenheiten."[102]

Mit ihrem Scharfsinn und ihrem klaren Charakter hatte sie die Verlogenheit des Nationalsozialismus bald durchschaut. Ihre Distanz zum NS-Staat nahm schnell zu. Auf Fotos ist die Sechszehnjährige mit einer kecken Kurzhaarfrisur zu sehen. Auch im Aussehen wollte sie sich dezidiert von ihren regimetreuen Altersgenossinnen absetzen.

1936 verliebte sie sich in Fritz Hartnagel, einem Schulfreund ihres Bruders Werner. Im Sommer 1939 verlobten sie sich. Für die Schulferien hatten sie eine Jugoslawienreise geplant. Damals war es unüblich, dass Eltern ihrer noch nicht volljährigen[103] Tochter erlaubten, mit ihrem Verlobten auf eine Auslandsreise zu gehen. Für den liberal denkenden Robert Scholl war dies aber kein Problem. Sophie und Fritz konnten die Reise dennoch nicht antreten, weil kurz vorher eine Devisensperre und ein Ausreiseverbot für Jugendliche verhängt worden war. Krieg lag in der

---

102 Hirzel, S. 128 f.
103 Erst mit 21 Jahren war man damals volljährig.

Luft. Statt nach Jugoslawien fuhren sie an die Nord- und Ostsee. Sie besuchten u. a. Worpswede. Sophie Scholl sah dort einige Bilder von Paula Modersohn-Becker, die sie sehr beeindruckten. Sie war künstlerisch begabt und hatte schon einige kleinere Aufträge für Buchillustrationen übernommen. Kurz nach dem Ende der Ferien musste der Berufsoffizier Fritz Hartnagel in den Krieg ziehen.

Die pazifistische Haltung ihrer Eltern hatte Sophie schon früher als ihre älteren Geschwister angenommen. Während Hans damals noch eine zwiespältige Haltung zum Krieg hatte, findet sich in einem oft zitierten Brief, den sie am 5. September 1939 an ihren Verlobten schrieb, ihre ganze Missbilligung:

„Ich kann es nie begreifen, dass nun dauernd Menschen in Lebensgefahr gebracht werden von anderen Menschen. Ich kann es nie begreifen und ich finde es entsetzlich. Sag nicht, es ist für's Vaterland."[104]

Im März 1940 bestand sie die Abiturprüfung. Um ein Studium aufnehmen zu können, brauchte sie den Nachweis über eine halbjährige Dienstzeit beim Reichsarbeitsdienst. Sie hatte erfahren, dass die knapp einjährige Ausbildung zur Kindergärtnerin am Ulmer Fröbelseminar als Ersatzdienst anerkannt wurde. Zusammen mit ihrer Freundin Susanne Hirzel begann sie die Ausbildung. Die Arbeit mit den Kindern machte ihr Spaß und nebenher blieb ihr genug Zeit zum Zeichnen.

Als sie im März 1941 die Abschlussprüfung ablegte, war diese schöne Zeit leider vorbei. Im Anschluss musste

---

104   Jens, S. 162.

sie dann doch noch zum RAD. Sie kam nach Krau-
chenwies/Sigmaringen. Die miserable Unterbringung in
einem alten Schloss, das schlechte Essen und die sinnlose
Beschäftigung empfand sie als Qual; die erzwungene
Nähe zu den anderen „Arbeitsmaiden" als Zumutung.
Sie fürchtete sich davor, von der nationalsozialistischen
„Volksgemeinschaft" vereinnahmt zu werden. In einem
Brief schrieb sie damals an ihre Freundin Lisa Lemppis:

„Man muss sich in Acht nehmen vor dieser großen Masse.
Sie hat in manchen Dingen unheimliche Anziehungskraft."[105]

Auch im evangelischen Glauben, an dem sie als Gegenmittel zur NS-Ideologie festhalten wollte, fand sie während
der RAD-Zeit keinen rechten Halt mehr. Am Karfreitag
1942 schrieb sie in ihr Tagebuch:

„Ich möchte sehr gerne einmal in die Kirche, nicht in die
evangelische, wo ich kritisch den Worten des Pfarrers
zuhöre. Sondern in die andere, wo ich alles erleide, nur
offen sein muss und hinnehmen. Ob dies auch das rechte
ist?"[106]

Während ihrer RAD-Zeit durchlebte sie eine geistige
Krise. Sie fühlte sich ohnmächtig und den Zumutungen
des NS-Regimes hilflos ausgeliefert. Anders als für Hans
und Inge war die Hinwendung zum Katholizismus für sie
aber keine wirkliche Lösung. Während ihrer RAD-Zeit

---

105 Brief vom 1. 5. 1941, in: Jens, S. 222.
106 Tagebucheintrag vom 11. 4. 1942, in: Jens, S. 215.

versuchte sie die „Bekenntnisse" des Augustinus zu lesen. Sie fand in dem Buch aber nicht die Antworten, nach denen sie so sehr suchte. Der Glaube schenkte ihr keinen Trost mehr. Im November 1942 schrieb sie ihrem Verlobten:

„Ich bin Gott noch so ferne, dass ich ihn nicht einmal im Gebet spüre. Ja, manchmal, wenn ich den Namen Gottes ausspreche, will ich in ein Nichts versinken. Das ist nicht etwa schrecklich, oder schwindelerregend, es ist gar nichts – und das ist noch viel entsetzlicher."[107]

Erst das Engagement im Widerstandkreis ihres Bruders half ihr aus ihrer inneren Bedrängnis. Im Kampf gegen den nationalsozialistischen Nihilismus fand sie einen Sinn und einen Ausweg aus ihrer inneren Leere: „Schluss. Jetzt werde ich etwas tun",[108] war ihre Reaktion, als sie vom „Heldentod" eines Jugendfreundes erfuhr.

Nachdem sie den Reichsarbeitsdienst beendet hatte, hoffte sie darauf, endlich mit dem Studium beginnen zu können. Sie bekam aber noch immer keinen Studienplatz. Als ausgebildete Kindergärtnerin musste sie im Winter 1941/42 Kriegshilfsdienst in einem Betriebskindergarten in Blumberg leisten.

Im dritten Kriegswinter litt die deutsche Wirtschaft unter einem spürbaren Personalmangel. Immer mehr Männer wurden eingezogen. Frauen mussten die fehlenden männlichen Arbeitskräfte in immer mehr Wirtschaftsbereichen ersetzen. Gleichzeitig wurde die

---

107   Brief vom 18. 11. 1942, in: Jens, S. 280
108   Jens, S. 335.

Wochenarbeitszeit erhöht. In großen Betrieben richteten die zuständigen Behörden deshalb Werkskindergärten ein. Dies widersprach zwar der NS-Ideologie, hatte aber den Vorteil, dass auch Mütter von Vorschulkindern für die langen Arbeitstage herangezogen werden konnten.

Sophie Scholl erlebte den allgegenwärtigen Personalmangel auch in ihrem Kindergarten. In ihren Briefen nach Hause klagte sie über die hohe Arbeitsbelastung. Während der gesamten Dienstzeit kam sie kaum dazu, ihren künstlerischen und geistigen Interessen nachzugehen.

Im März 1942 wurde sie endlich erlöst. Ihrem Studium stand nun nichts mehr im Wege. Sie freute sich schon darauf, mit ihrem Bruder Hans in München zu studieren. Voller Erwartungen schrieb sie sich im Frühjahr 1942 für die Fächer Biologie und Philosophie an der Ludwig-Maximilians-Universität ein.

Hans nahm seine Schwester gerne zu Abendveranstaltungen mit. Bei einer Autorenlesung im Juni 1942 lernten Hans und Sophie Scholl, Alexander Schmorell und Christoph Probst den Münchener Philosophieprofessor Kurt Huber näher kennen. In einer politischen Diskussionsrunde, die im Anschluss an die Lesung stattfand, verdammte Huber den Nationalsozialismus. Die Studenten wurden hellhörig.

Kurt Huber wurde am 24. Oktober 1893 im schweizerischen Chur geboren, 1896 zog die Familie nach Stuttgart. Mit vier Jahren erkrankte er an Diphterie. Er behielt davon eine lebenslange Schädigung des Zentralen Nervensystems zurück. Er litt unter Lähmungen an den Armen und Beinen und unter Zuckungen im Gesicht. Von der Erkrankung behielt er außerdem eine Sprachstörung zurück.

Nach dem Tod des Vaters zog die Familie 1912 nach München. Im gleichen Jahr begann Huber an der Ludwig-Maximilians-Universität ein Studium mit den Hauptfächern Musikwissenschaft, Philosophie und Psychologie. Wegen seiner Behinderung wurde er nicht zum Militär eingezogen. Er ließ sich trotzdem vom herrschenden nationalen Taumel anstecken und meldete sich mehrmals freiwillig. Als er endgültig abgelehnt wurde, versuchte er sich an Kriegsgedichten und entwickelte sogar ein patriotisches Brettspiel.[109] 1917 promovierte er in Musikwissenschaft, 1920 folgte die Habilitation in Philosophie und Psychologie. Seit 1921 war er außerordentlicher Professor in München. Es gelang ihm zeitlebens nicht, einen Lehrstuhl zu bekommen. Mit seiner ungewöhnlichen Fächerkombination blieb er ein Exot innerhalb des Universitätsbetriebes. Politisch war er konservativ und stand der katholischen Bayrischen Volkspartei nahe, einer Vorgängerpartei der CSU.

Hubers Forschungsschwerpunkt war die Volksmusikkunde. In seinen wissenschaftlichen Veröffentlichungen finden sich, wie Zankel[110] herausgearbeitet hat, zeittypische Spuren von völkischem Denken und gelegentlich auch antisemitische Formulierungen. Die Anpassung an den akademischen Zeitgeist nützte ihm aber nichts. 1926 war seine wissenschaftliche Karriere zum Stillstand gekommen. Er musste mit seiner Familie von einem niedrigen Dozentengehalt leben.

Als die Nationalsozialisten an die Macht kamen, hoffte er den Lehrstuhl eines entlassenen jüdischen Kollegen

---

109 vgl. Zankel, S. 42.
110 vgl. Zankel, S. 44.

übernehmen zu können. Er kam aber nicht zum Zuge, weil er als politisch unzuverlässig galt und radikale Nationalsozialisten bevorzugt wurden. Möglicherweise hat bei der Entscheidung auch seine Behinderung eine Rolle gespielt.

1937 versuchte er sich am neu eingerichteten „Staatlichen Institut für deutsche Musikforschung" zu bewerben. Doch diese reinrassige NS-Institution suchte nur Mitarbeiter mit einer „einwandfreien Gesinnung". In einem Gutachten wurde erneut seine „politische Unzuverlässigkeit" hervorgehoben. Durch dieses Gutachten geriet er sogar kurzzeitig in das Visier der Gestapo.

Huber war deshalb froh, dass er als nun beamteter Dozent seinen Lehrauftrag in München wieder aufnehmen konnte. Gegen seine Überzeugung trat er 1940 in die NSDAP ein. Es war ein letzter verzweifelter Versuch, im NS-Staat doch noch Karriere zu machen.

Nach außen hin gab er sich linientreu. Der spätere bayrische Ministerpräsident Franz Josef Strauß, der zur gleichen Zeit wie die Geschwister Scholl in München studierte, schreibt in seiner Autobiografie über Huber:

„Bei Professor Huber hörte ich Philosophie, er hat als akademischer Lehrer keinen tiefen Eindruck hinterlassen, seine Vorlesungen erschienen nicht nur ziemlich langweilig, sondern auch in einer Weise ‚angehaucht', dass ich mir dachte, schon wieder ein Nazi."[111]

Hermine Maier, eine Schülerin Hubers, nennt ihn einen „Lehrer vertieften Denkens"[112]. Seine Vorlesungen waren

---

111   zit. nach Zankel, S. 55.
112   zit. nach Süß/Süß, S. 20.

mit Musikbeispielen verpönter Komponisten gespickt und enthielten oftmals Zitate von verbotenen Autoren. Auch liebte er es, sarkastische Bemerkungen über die Zensur und über besonders glaubensfeste nationalsozialistische Kollegen zu machen. Huber spielte mit Andeutungen, in denen er die absurden Seiten des Führerkults und der NS-Ideologie herausstellte. Der „Massencharakter" der NS-Bewegung stieß ihn besonders ab. Wie Hans Scholl hing auch Huber dem Elitegedanken an. Für begabte Studenten war er ein ausgezeichneter Mentor, der sich sehr viel Zeit für sie nahm.

Hubers klare Worte gegen den Nationalsozialismus faszinierten Hans und Sophie Scholl. Sie baten, Hubers Leibniz-Vorlesung besuchen zu dürfen. Auch Huber war von den Studenten angetan. „Man beschloss, wieder zusammenzukommen",[113] notierte er.

Im Juni 1942 wurden die Münchener Studentenkompanien neu formiert. Zu Scholl und Schmorells Einheit wurde ein neuer Soldat abkommandiert. Sein Name war Willi Graf. Die beiden Freunde fanden bald heraus, dass der neue Kamerad ihre Abneigung gegen die Nazis teilte.

Will Graf wurde am 2. Januar 1918 im Rheinland geboren. 1922 zog die Familie nach Saarbrücken, wo der Vater eine Weingroßhandlung übernahm. 1929 trat er in den katholischen Jugendverband „Bund Neudeutschland" ein. 1934 wurde er Mitglied im illegalen „Grauen Orden", der sich innerhalb der katholischen Jugendbewegung als Elite ansah. Die organisierte katholische Jugend lehnte den Orden wegen seiner Nähe zu den Bündischen ab. In

---

113   zit. nach Steffahn, S. 151.

ihren Augen war er sektiererisch. Wie Hans Scholl wollte sich auch Willi Graf von der Masse abheben und Mitglied in einem exklusiven Zirkel sein.

Der Graue Orden stellte sich in die Tradition der christlichen Ritterorden. Werte wie Nation, Kameradschaft, Kampfesmut und die Bereitschaft zum Martyrium wurden in der Bruderschaft hochgehalten. Die Ordensbrüder sollten durch Kampfspiele soldatische Tugenden wie Tapferkeit, Härte und Ausdauer lernen.

Der Jugendorden unterschied sich trotz seiner militanten Ausrichtung stark von der HJ. Für seine Mitglieder stand der christliche Glaube im Vordergrund. In der Gemeinschaft herrschte statt des nationalsozialistischen Totenkults die Meinung vor, dass die Opfer des Ersten Weltkriegs sinnlos waren. Den Rassenantisemitismus der Nazis lehnten die Ordensbrüder ab, auch wenn es hier und da antijudaistische Tendenzen gab. Die Bruderschaft war trotz der genannten Abgrenzungstendenzen zur HJ kein Widerstandszirkel. Der NS-Staat wurde als die von Gott eingesetzte Obrigkeit von den Ordensbrüdern nicht in Frage gestellt.

Willi Graf hatte sich immer erfolgreich gegen eine Mitgliedschaft in der HJ gewehrt. Es kursiert die Anekdote, dass er die Namen von Freunden, die der HJ beitraten, aus seinem Kalender gestrichen habe. 1937 machte er das Abitur, dann ging es zum Reichsarbeitsdienst. Im Wintersemester 1937 begann er in Bonn mit dem Medizinstudium. Im Januar 1938 musste er wegen „bündischer Umtriebe" für drei Wochen in Haft. Wie bei Hans Scholl fiel auch bei ihm das anschließende Gerichtsverfahren unter die Amnestie, die zur Feier des „Anschlusses" Österreichs verkündet wurde.

Im September 1939 bestand er das Physikum. Er wollte sein Studium in München fortsetzen, wurde aber im Januar 1940 zum Kriegsdienst eingezogen. Im Frankreich-Feldzug war er Sanitäter. Danach hatte er nicht soviel Glück wie Hans Scholl. Er wurde nicht zum Studium freigestellt. Im März/April 1941 gehörte er zu den deutschen Truppen, die Jugoslawien überfielen. Graf blieb danach nur eine kurze Atempause. Im Juni 1941 nahm er am Angriff auf die Sowjetunion teil. Er musste zehn lange Monate, bis zum April 1942, an der Ostfront ausharren. Erst dann wurde er für den Abschluss seines Medizinstudiums freigestellt und an die Münchener Studentenkompanie abkommandiert.

Willi Graf hatte die gnadenlosen Rückzugsgefechte nach dem Scheitern der Offensive vor Moskau erlebt, die erbarmungslose Kälte des russischen Winters und den Hunger an der Ostfront. Er wurde Zeuge von Kriegsverbrechen, die ihn traumatisiert zurückließen. An seine Schwester Anneliese schrieb er in einem Brief vom 1. Februar 1942:

„Ich wünschte, ich hätte das nicht sehen müssen, was ich alles in dieser Zeit mit anschauen musste. [...] Der Krieg gerade hier im Osten führt mich an Dinge, die neuartig und fremd wie nichts bisher Bekanntes sind. Und das muss man alles verarbeiten, obwohl kaum einer da ist, mit dem man darüber reden könnte."[114]

Nach den schrecklichen Erlebnissen an der Ostfront zeigt Willi Graf ebenfalls Symptome einer

---

114 Anneliese Knoop-Graf / Inge Jens (Hrsgg.): Willi Graf. Briefe und Aufzeichnungen. Frankfurt am Main 1988, S. 147 f.

posttraumatischen Belastungsstörung. Er fand es anfangs schwer, sich an das fast zivile Leben in der Studentenkompanie zu gewöhnen: „Ich finde mich einfach nicht zurecht",[115] notierte er. Der Kriegseinsatz hatte ihn aber nicht gebrochen. Die Fronterlebnisse verstärkten eher seine Entschlossenheit, gegen den Nationalsozialismus Widerstand zu leisten. Ein Zitat von Franz J. Müller, einem Freund von Hans Hirzel, verdeutlicht sicherlich auch seine Motivation:

„Die Chance, dass wir den Krieg überleben werden, war ja nur ganz gering. Da war's dann doch besser, dass man wenigstens etwas gegen diese Schweinehunde tut."[116]

Nach einer geheimen abendlichen Lesung mit Theodor Haecker wurde Graf noch im Juli 1942 in die Aktivitäten der Weißen Rose eingeweiht. Die Entschlossenheit Willi Grafs imponierte Hans Scholl. In einem Brief an Rose Nägele charakterisierte er ihn so:

„Ich kenne einen Menschen, der überall, wo er hinkommt, man möchte sagen, den Mantel nicht auszieht, der immer der fremde Gast bleibt, obgleich er nicht schweigt und kein geheimnisvolles Wesen an den Tag legt. Wenn man mit ihm spricht, könnte man meinen, er könne nach jedem Satz ganz unverhofft die Uhr aus der Tasche ziehen und sagen: ‚Es ist jetzt Zeit.' Dieser Mensch ist mir sehr sympathisch."[117]

---

115   zit. nach Bald, S. 29.
116   Bassler, S. 160.
117   Brief vom 5. 1. 1943. Jens, S. 140.

Am 22. Juli 1942 fand ein weiteres konspiratives Treffen in Eickemeyers geräumigem Atelier statt. Neben dem Architekten kamen Alexander Schmorell, Christoph Probst, Willi Graf sowie Hans und Sophie Scholl. Gisela Schertling, die damalige Freundin Scholls, gehörte ebenfalls zur Runde. Ferner kamen Traute Lafrenz und Katharina Schüddekopf, mit denen Scholl vorher kurze Liebesaffären hatte. Hans Hirzel war für das Treffen extra aus Ulm angereist. Der von allen geschätzte Professor Kurt Huber kam etwas später hinzu.

Unter den Teilnehmern entspann sich eine erregte Diskussion. Besonders Huber forderte, dass man nun endlich handeln müsse. Der Freundeskreis um Hans Scholl hatte sich gefunden. Der Widerstand konnte in eine neue Phase gehen.

Einsatz an der Ostfront

Ende Juli 1942 wurde die zweite Münchener Studentenkompanie überraschend an die Ostfront beordert. Die
Entscheidung der militärischen Vorgesetzten rief Erstau-
nen und Kopfschütteln hervor. Die Medizinstudenten der
Einheit standen kurz vor dem Examen. Der Marschbefehl
war für sie eine unliebsame Unterbrechung des Studiums.

Die Abkommandierung war wahrscheinlich eine
Strafmaßnahme. Der Grund dafür könnte in einem Zwi-
schenfall vom Februar 1942 liegen. Damals wurde ein
regimetreuer Dozent von Mitgliedern der Studentenkompanie während einer Vorlesung ausgelacht. Der verärgerte
Dozent meldete den Fall an ein Kriegsgericht. Die Mili-
tärjuristen gingen von Meuterei aus und verständigten
daraufhin das OKW (Oberkommando der Wehrmacht).
Um die aufmüpfigen Soldaten zu maßregeln, schickte das
OKW die Studentenkompanie zur „Frontfamulatur" in
den Kriegseinsatz. Die strafweise Abkommandierung an
die gefürchtete Ostfront war ein oft benutztes Sanktions-
mittel der Wehrmachtsführung.

Bereits in „Mein Kampf" hatte Hitler davon geträumt,
große Gebiete im Osten zu erobern, um „Lebensraum"
für das deutsche Volk zu schaffen. Gleichzeitig wollte er

den Bolschewismus zerschlagen, der für ihn ein Teil der angeblichen jüdischen Verschwörung zur Erringung der Weltherrschaft war.

1939 war er aus taktischen Gründen ein Bündnis mit seinem ideologischen Erzfeind Stalin eingegangen. Die beiden Diktatoren teilten Polen unter sich auf. Von der Sowjetunion erhielt Deutschland Rohstoff- und Nahrungsmittellieferungen, die es dringend brauchte, um gegen England und Frankreich losschlagen zu können. Der Krieg gegen die westlichen Demokratien war auch in Stalins Interesse. Der russische Diktator hoffte außerdem, durch die Unterstützung Deutschlands Zeit zu gewinnen. Denn Stalins Riesenreich war 1939 nicht in der Lage, Krieg gegen das hochgerüstete Deutschland zu führen.

Dem Roten Terror, der dazu diente, Stalins Alleinherrschaft zu sichern, war wenige Jahre zuvor fast die gesamte Führungsebene der Roten Armee zum Opfer gefallen. Dadurch war die mächtige Sowjetarmee entscheidend geschwächt. Es gab keine aktuellen Aufmarschpläne und keine Strategie für den Fall eines deutschen Angriffs. Wichtige Modernisierungen wurden verschleppt. Stalins Reich war einer deutschen Invasion zu diesem Zeitpunkt mehr oder weniger schutzlos ausgeliefert.

Dieser Umstand war auch den Russlandexperten im OKW nicht verborgen geblieben. Sie drängten Hitler, den Angriffsbefehl möglichst bald zu geben. Der „Führer" zögerte aber. Nach der Niederlage Frankreichs versuchte er halbherzig, Großbritannien zur Aufgabe zu zwingen. Er hoffte wohl noch immer darauf, dass das „nordische Brudervolk" auf der anderen Seite des Ärmelkanals zu einem Bündnis mit Deutschland bereit sei. Dabei unterschätzte er die Entschlossenheit des neuen britischen Premiers

Winston Churchill, der den Kampf für die Demokratie und gegen den Faschismus aufzunehmen bereit war.

Bevor Hitler eine Invasion Englands wagen konnte, musste er versuchen, die Luftherrschaft über der britischen Insel zu erringen. Görings siegesgewohnte Luftwaffe scheiterte aber an der Royal Air Force, die sich mit dem Mut der Verzweiflung den zahlenmäßig überlegenen deutschen (und italienischen) Luftstreitkräften entgegenstemmte.

Ende 1940 zeichnete sich ab, dass Großbritannien sehr viel mehr Widerstand leistete, als vorherzusehen war. Hitler wechselte seine Strategie und ließ Pläne für das „Unternehmen Barbarossa" ausarbeiten, dem Angriff auf die Sowjetunion. Noch immer gingen die deutschen Russlandexperten davon auf, dass Stalins Regime bald nach einer deutschen Invasion zusammenbrechen würde.

Anders als die bisherigen deutschen Feldzüge war „Barbarossa" von Anfang an als ideologisch motivierter Raub- und Vernichtungskrieg geplant. Nach Hitlers Plänen sollten die selbst ernannten deutschen „Herrenmenschen" das Land in Besitz nehmen und ausplündern. Die angeblichen „slawischen Untermenschen" mussten dazu vertrieben, versklavt oder ermordet werden. Schließlich sollten in das neu erworbene „Ostland" deutsche Wehrbauern ziehen und eine Zivilisationsgrenze gegen die „asiatischen Horden" errichten.

Der deutsche Angriff war eigentlich für den April 1941 geplant. Er musste aber verschoben werden, weil deutsche Truppen auf dem Balkan benötigt wurden. Mussolinis Italien hatte versucht, Jugoslawien und Griechenland zu erobern, war aber stecken geblieben. Den deutschen Truppen gelang es, die beiden Länder in wenigen Wochen niederzuwerfen. „Barbarossa" musste dafür um sechs Wochen nach hinten verschoben. Diese Verzögerung sollte fatale Konsequenzen für den Kriegsverlauf haben.

Am 21. Juni 1941 war es schließlich soweit: Der Vernichtungskrieg gegen die Sowjetunion hatte begonnen. Ohne Kriegserklärung fielen deutsche Truppen in das Land ein. Gleich zu Beginn des Feldzuges wurde der berüchtigte „Kommissarbefehl" verlesen. Gefangene sowjetische Politoffiziere, die einen roten Stern auf dem Ärmel trugen, waren als „bolschewistisch-jüdische Untermenschen" sofort zu erschießen. Von Anfang an war klar, dass die üblichen Regeln des Völkerrechts in diesem Krieg nicht gelten würden.

Die sowjetische Militärführung überraschte der deutsche Angriff. Auf der russischen Seite hatte niemand so schnell mit einer Invasion gerechnet. War die Sowjetunion nicht ein verlässlicher Partner gewesen und ihren Lieferverpflichtungen nicht pünktlich nachgekommen?

In den ersten Wochen war die sowjetische Abwehr chaotisch. Die Soldaten der Roten Armee wurden sinnlos hin und her beordert. Oft hatten sie zu wenige Gewehre, nicht ausreichend Munition oder kaum Verpflegung. Bei russischen Sturmangriffen musste ein Teil der Soldaten erst fallen, damit alle Überlebenden ein Gewehr bekamen.

Die Deutschen hatten ihr Blitzkrieg-Konzept weiter verfeinert und kesselten mit ihren schnellen Panzervorstößen ganze sowjetische Armeen ein. In den ersten Wochen machte die Wehrmacht fast drei Millionen russische Gefangene.

Nach einigen Wochen zeigte sich, dass die Wehrmachtsführung die riesige Weite des russischen Kriegsschauplatzes unterschätzt hatte. Bald schon gingen die deutschen Panzervorstöße ins Leere. Die überdehnten Nachschubwege wurden ein zunehmendes Problem. Die gewaltigen Distanzen, die überwunden werden mussten, überforderten die deutsche Technik zunehmend. Ausfälle an Waffen und Material konnten kaum noch ersetzt werden.

Ab Herbst gelang es der Sowjetführung, die Landesverteidigung besser zu organisieren. An einigen Stellen ging die Rote Armee zum Gegenangriff über. Die russische Infanterie wurde dabei verstärkt von T-34-Panzern unterstützt. Dieser neue Panzertyp war eine böse Überraschung für die Deutschen, denn er war den deutschen Kampfwagen in fast jeder Hinsicht überlegen.

Ab Mitte September setzte der Herbstregen ein. Die schlechten russischen Straßen wurden zu grundlosen Schlammpisten, die jedes Vorankommen gewaltig erschwerten. Der deutsche Angriff blieb im russischen Morast stecken. Im November sank die Temperatur immer tiefer. Die hart gefrorenen Wege waren zwar wieder passierbar, gleichzeitig zeigte sich aber, dass die deutsche Waffentechnik für die Kälte des russischen Winters nicht ausgelegt war. Viele Fahrzeugmotoren platzten, Panzertürme froren ein, durch die Kälte fielen Geschütze aus. Man hatte es versäumt, die deutschen Truppen rechtzeitig mit passender Winterkleidung auszustatten. Bei Temperaturen von bis minus 30 Grad boten die deutschen Uniformen zu wenig Kälteschutz. Viele deutsche Soldaten erfroren. Trotz aller Schwierigkeiten gelang es der Wehrmacht, bis auf wenige Kilometer an Moskau heranzukommen. Die vordersten deutschen Truppen konnten die Türme des Kremls in ihren Ferngläsern sehen.

Stalin hatte sich geweigert, Moskau zu verlassen. Nach einigen fatalen Fehlentscheidungen hatte er aber auf den Rat seiner Generäle gehört und die Landesverteidigung umorganisiert. In Sibirien standen frische Truppen. Durch einen sowjetischen Spion, der in der deutschen Botschaft in Tokio arbeitete, erhielt das russische Oberkommando die wichtige Nachricht, dass Japan keinen Angriff auf die Sowjetunion plante. Stalin warf die wintererprobten und gut ausgerüsteten sibirischen Regimenter in die Schlacht um Moskau. Am 5. Dezember 1941 begann der sowjetische Gegenschlag.

Die Wehrmachtsführung war von der Wucht des Angriffs überrascht. Das OKW war davon ausgegangen, dass die Rote Armee nach den gewaltigen Verlusten des Sommers vor dem Zusammenbruch stand. Die deutschen Strategen hatten das enorme militärische Potenzial von Stalins Riesenreich völlig verkannt.

Unter großen Verlusten gelang es den Sowjets, die Deutschen zum Rückzug zu zwingen. Die Wehrmacht zog sich auf strategisch günstigere Positionen zurück. Mit letzter Kraft gelang es, die deutsche Frontlinie zu stabilisieren und eine militärische Katastrophe zu verhindern. Es kostete das Leben vieler deutscher Soldaten, die im Sommer eroberten Gebiete zu halten.

Die Sowjets waren noch nicht stark genug, um die Deutschen aus ihrem Land zu vertreiben. Erst im Sommer 1944 sollte es der Roten Armee gelingen, durch die deutschen Linien hindurch nach Westen vorzustoßen.

In der Winterkrise 1941/42 verlor die Wehrmacht mehr als 900 000 Mann. Sie büßte damit fast ein Viertel ihrer gesamten Truppenstärke ein. Hitler machte den Oberbefehlshaber des Heeres, Walther von Brauchitsch, für das Desaster verantwortlich. Ende 1941 entließ er den Generaloberst und übernahm selbst den Oberbefehl. Anders als Stalin beachtete der Weltkriegsgefreite nun nicht mehr den fachlichen Rat seiner Generäle. Die von Hitler verschuldeten militärischen Katastrophen begannen sich zu häufen.

Am 7. Dezember 1941 griffen japanische Trägerflugzeuge den amerikanischen Flottenstützpunkt Pearl Harbour auf Hawaii an. Der europäische Krieg war zu einem globalen Konflikt geworden. Deutschland trat vier Tage später an die Seite Japans. Seit dem 11. Dezember 1941 befand sich Hitlerdeutschland auch im Krieg mit den USA.

Trotz der gewaltigen deutschen Verluste glaubte Hitler, dass der Sieg über die Sowjetunion kurz bevorstünde. Die – seiner Einschätzung nach – noch nicht kriegsbereiten USA wollte er im kommenden Jahr gemeinsam mit Japan in die Zange nehmen.

Seine Hybris sollte ihn teuer zu stehen kommen. Wenige Wochen später bildeten der US-Präsident Roosevelt, der britische Premierminister Winston Churchill und Stalin die Anti-Hitler-Koalition.

1943 begann die koordinierte alliierte Bomberoffensive gegen Deutschland. Die sowjetische Armee wurde durch modernes amerikanisches Kriegsmaterial aufgerüstet und in eine gemeinsame Strategie gegen Hitler eingebunden. Die westalliierten Befehlshaber begannen, Vorbereitungen für eine Invasion in der Normandie zu treffen. Hitlers Reich war nun vollends eingekreist; der Krieg endgültig verloren.

1942 aber sollte eine neue deutsche Offensive den Sieg über die Sowjetunion bringen. Unter großen

Schwierigkeiten hatte man die Truppenstärke der Wehrmacht wieder auf den Stand gebracht, den sie vor der Winterkrise hatte. Die deutsche Armeeführung glaubte, aus den Erfahrungen des Vorjahres die richtigen Schlüsse gezogen zu haben. Verbesserte Waffen und neues Kriegsmaterial sollten es der deutschen Armee ermöglichen, endlich die Oberhand zu gewinnen. Auch die Marschrichtung änderte sich. Eine Heeresgruppe sollte über die Kalmückensteppe in Richtung Wolga ziehen und eine andere zum Kaukasus vorstoßen. Im Spätsommer begann der Angriff auf Stalingrad. Eine erneute militärische Katastrophe bahnte sich an.

Die Münchener Studentenkompanie sollte von den erbitterten Kämpfen im Südosten verschont bleiben. Sie wurden im vergleichsweise „ruhigen" Mittelabschnitt eingesetzt. Doch auch hier gab es heftige Kämpfe mit vielen Opfern auf beiden Seiten.

Auf dem Transport hatten sich Scholl, Schmorell, Graf und noch ein weiterer Medizinstudent, Hubert Furtwängler, zusammengetan. Schmorell und Furtwängler kannten sich noch aus ihrer Wehrdienstzeit vor dem Krieg. Zusammen bildeten sie ein unzertrennliches „Kleeblatt", das die unerfreuliche Zeit in Russland gemeinsam durchstehen wollte. Die lange Eisenbahnfahrt führte sie über Warschau. Sie konnten dort einen Zwischenstopp einlegen. Ihre Besichtigungstour durch die polnische Hauptstadt führte sie auch am jüdischen Getto vorbei. Der Anblick erschütterte Scholl zutiefst. An seine Eltern schrieb er:

„Warschau würde mich auf die Dauer krank machen. Gottlob fahren wir morgen weiter. Die Ruinen allein würden einen wohl nachdenklich stimmen. [...] Auf der

Straße liegen halb verhungerte Kinder und wimmern um Brot und von der anderen Seite hört man aufreizende Jazzmusik, und während in den Kirchen die Bauern den Steinboden küssen, kennt die sinnlose Lust in den Kneipen keine Grenzen. Überall Untergansstimmung."[118]

Weiter berichtet er seinen Eltern bewundernd vom Überlebenswillen und vom Stolz der Polen. Jede Herrenmenschenattitüde gegenüber den angeblichen polnischen Untermenschen ist ihm fremd:

„Trotzdem glaube ich an die unerschöpfliche Kraft der polnischen Menschen. Sie sind zu stolz, als dass es einem gelänge, ein Gespräch mit ihnen anzuknüpfen. Und wo man hinsieht spielen Kinder."[119]

Scholls Blick auf die von den Deutschen besetzten Länder war nicht von den üblichen Ressentiments geprägt. Sowohl in Frankreich als auch in Polen war er neugierig auf das Land und auf die Menschen. Er wollte gerne mit ihnen ins Gespräch kommen, um mehr über sie zu erfahren. Er kam nicht als Feind, sondern als ein an ihrem Schicksal interessierter Mitmensch.

Inge Scholl berichtet von einer weiteren Begegnung auf seinem Bahntransport an die Front. Hans sah bei einem Aufenthalt eine Gruppe von jüdischen Mädchen und Frauen, die am Bahndamm schwere Zwangsarbeit leisten mussten. Einem schönen jüdischen Mädchen wollte er seine „eiserne Ration" schenken, was natürlich streng

---

118 Brief vom 27. 7. 1942, in: Jens, S. 105.
119 ebd.

verboten war und eine empfindliche Strafe nach sich ziehen konnte. Das Mädchen lehnte die Gabe des feindlichen Soldaten ab. Da pflückte er eine Margerite und legte sie zu den Lebensmitteln. Das Mädchen lächelte, nahm die eiserne Ration und steckte sich die Margerite ins Haar. Einem alten jüdischen Zwangsarbeiter schenkte er später seinen Tabak.[120]

Diese Mitmenschlichkeit wollte er auch an der Front bewahren. Er und Schmorell waren der Ansicht, dass sie als Mediziner und Pazifisten die Aufgabe hatten, den Verwundeten auf beiden Seiten zu helfen.

Der Transport endete in Wjasma, einer „Frontsammelstelle" für etwa 100 000 deutsche Soldaten. 15 000 von ihnen gehörten zur 252. Infanterie-Division.[121] Dieser Einheit wurden die Sanitäts-Feldwebel Scholl, Schmorell, Graf und Furtwängler zugeteilt.

Sie wurden in den Bereich der Infanterie-Division nach Gschatsk verlegt, einem Verkehrsknotenpunkt, der etwa 160 Kilometer von der russischen Hauptstadt entfernt lag. Die von den Kämpfen stark zerstörte Ortschaft lag an der Eisenbahnstrecke nach Moskau. Die „Rollbahn", auf der ein großer Teil des deutschen Nachschubs befördert wurde, führte ebenfalls an der Ansiedlung vorbei. Aus diesen Gründen war Gschatsk für die Versorgung der deutschen Fronttruppen strategisch wichtig.

Willi Graf hatte den Ort bereits während der schweren Abwehrkämpfe im Frühjahr 1942 kennengelernt. Damals

---

120   vgl. Scholl, S. 47.
121   Der Militärhistoriker Detlef Bald hat den Kriegseinsatz des Scholl-Kreises in seiner bereits erwähnten Studie: Die Weiße Rose. Von der Front in den Widerstand. Berlin 2003, rekonstruiert. Die folgende Darstellung stützt sich auf Balds Erkenntnisse.

hatte die 252. Infanterie-Division mehrere russische Offensiven unter hohen Verlusten abgewehrt. Auch viele Sanitäter waren damals gefallen.

Scholl und seine Kameraden wurden der 1. Sanitäts-kompanie zugeteilt und sollten im Hauptverbandsplatz arbeiten, der etwa 10 Kilometer hinter der Front in einem Wäldchen lag. Selbst hier waren die Freunde sowjetischen Artilleriefeuern ausgesetzt. Außerdem mussten sie mit Tieffliegerbeschuss rechnen. Die russischen Schlacht-flugzeuge konnten fast unbehelligt über dem Wäldchen kreisen, weil die stark gepanzerten Iljuschin-Maschinen gegen die Angriffe deutscher Jagdflugzeuge und die deut-sche Flak nahezu immun waren.

Trotzdem hatten vor allem Scholl und Graf anfangs großes Glück. Sie sollten in einem Seuchen-Feldlazarett arbeiten, das in einigem Abstand zum Hauptverbands-platz errichtet werden sollte, aber noch nicht fertig war. So hatten sie einige ruhige Tage, in denen sie wenig zu tun hatten. Während dieser Zeit ließ sich Scholl von seinem Münchener Buchhändler Söhngen einige Dostojewski-Romane an die Front schicken, in denen er mit seinen Freunden eifrig las. Neben den Dostojewski-Werken hatten die Freunde eine veritable Bibliothek dabei. Sie lasen zusammen Shakespeare, Rilke, Stifter, Kleist, Jean Paul, Goethe und Fontane, aber auch Schopenhauer, Kant, Bismarck und Guardini. Werner Scholl, der ganz in der Nähe stationiert war, kam seinen älteren Bruder öfter besuchen und tauschte mit ihm Literatur aus.

Anfang August nahmen die Kämpfe zu. Im Norden und Süden wurde die deutsche Front immer stärker ein-gedrückt, nur um Wjasma bildete sich ein Brückenkopf, zu dem auch Gschatsk gehörte.

Bei den schweren Abwehrkämpfen nördlich und südlich des Brückenkopfs wurden mehrere deutsche Abteilungen aufgerieben. Die Anzahl der Verwundeten stieg auf 50 bis 70 Mann pro Tag, an manchen Tagen waren sogar 100 Verletzte neu zu versorgen. In den Gefechten vom August bis zum Oktober 1942 verlor die 252. Infanterie-Division fast 10 % ihrer Soldaten.

Der durch Rote-Kreuz-Fahnen gekennzeichnete und damit eigentlich völkerrechtlich geschützte Hauptverbandsplatz geriet immer stärker unter Beschuss und musste mehrmals verlegt werden. Furtwängler und Schmorell wurden als „Hilfsassistenten" bei Operationen eingesetzt; dabei infizierte sich Schmorell mit einer sehr hartnäckigen Form der Diphterie. Im September arbeitete Scholl im endlich fertig gestellten Seuchenlazarett und konnte dort gleich seinen erkrankten Freund behandeln.

Die im Hauptverbandsplatz tätigen Oberärzte nahmen ihre Ausbildungsverpflichtungen ernst. Wenn sie Zeit hatten, hielten sie sogar Vorlesungen – selbst einen Vortrag über Säuglingspflege gab es für die Studenten zu hören.

Graf und Furtwängler traf es härter. Sie wurden zum Gefechtsstand des 461. Infanterie-Regiments an die Front vor Gschatsk geschickt. Das Regiment war durch mehrmalige russische Angriffe auf seine Stellungen in den vergangenen Wochen fast aufgerieben worden. Erst im Oktober 1942 konnte es wieder auf 60 % seines Personalbestandes aufgefüllt werden.

Die im Rücken der Front immer stärker ansteigende Partisanentätigkeit machte die Versorgung der Soldaten zunehmend schwierig. Hans Scholl berichtet in einem Brief, dass bei ihrer Ankunft „innerhalb 8 Tagen 48 Züge gesprengt"[122] wurden. Außerdem ging der 252. Infanterie-Division allmählich die Munition aus. „Alles fehlt", notierte Scholl.

Die Ernährung der Truppe war schlecht, in den Frontstellungen wurde regelrecht gehungert, auch weil es zu wenige Transportmöglichkeiten gab. Lastwagen, für die man kaum Kraftstoff und nur wenig Ersatzteile zur Verfügung hatte, wurden durch Panjewagen ersetzt. Selbst die anspruchslosen russischen Panjepferdchen bekamen zu wenig Futter, weil die Heuernte durch den verregneten Sommer sehr schlecht ausgefallen war. Die Roggen- und Kartoffelernte, von der neben den deutschen Soldaten auch die verbliebene russische Bevölkerung leben musste, war ebenfalls hinter den Erwartungen zurückgeblieben. In der Truppe fürchtete man den schon bald bevorstehenden Winter. So wie es aussah, gab es auch diesmal keine adäquate Winterbekleidung.

Um die bedrohten Versorgungswege zu sichern, wurden die Männer des 461. Infanterie-Regiments verstärkt zur Partisanenbekämpfung eingesetzt. Sie bekamen den Befehl, besonders „radikal durchzugreifen",[123] d. h. die Grundsätze des Völkerrechts außer Acht zu lassen. Im Raum Wjasma war außerdem das SS-Einsatzkommando 9 stationiert. Binnen weniger Wochen brachten sie 25 000 Russen, vor allem russische Juden um. Dem deutschen Vernichtungskrieg im Osten fielen auch bei Wjasma ungezählte russische Zivilisten zum Opfer.

Am 30. Oktober 1942 wurden Scholl, Schmorell, Graf und Furtwängler von der Front abgezogen und zur

---

122   Brief vom 7. 8. 1943 an die Eltern, in: Jens, S. 105.
123   Bald, S. 100.

Weiterführung ihres Studiums nach München abkommandiert. Der Brückenkopf von Wjasma wurde nach weiteren schweren Kämpfen von der Roten Armee erobert. Moskau war danach nicht mehr von deutschen Truppen bedroht.

An Hitlers „Weltanschauungs- und Rassekrieg" hatte besonders die russische Zivilbevölkerung zu leiden. Sie geriet nicht nur durch den erbarmungslosen Partisanenkrieg zwischen die Fronten. Weil die deutschen Nachschubwege so weit waren und wegen der Partisanengefahr, konnte das OKW die Versorgung der deutschen Truppen nicht sicherstellen. Die Wehrmacht sollte sich deshalb wie ein Söldnerheer des Dreißigjährigen Krieges „aus dem Lande ernähren".

Das bedeutete für die einheimische Zivilbevölkerung, dass sämtliche produzierten Lebensmittel an die Besatzer abzuliefern waren. Die bedienten sich zuerst einmal selbst, dann wurde ein großer Teil der zusammengerafften Lebensmittel in das Reich verschickt. Von dem kleinen Rest, der dann noch übrigblieb, musste sich die einheimische Bevölkerung ernähren. Jeder Einheimische ab 14 Jahren hatte Zwangsarbeit zu leisten. Nur Zwangsarbeiter bekamen überhaupt Lebensmittel zugeteilt. Alle anderen, kleine Kinder, Kranke und Alte, gingen leer aus.

Auch am Hauptverbandsplatz von Gschatsk arbeiteten viele Hundert zwangsdienstverpflichtete russische Staatsbürger. In der Nähe gab es außerdem Zwangsarbeiter- und ein Kriegsgefangenenlager. Zu diesen Menschen begannen Schmorell, Scholl, Furtwängler und später auch Graf Kontakte zu knüpfen.

Besonders für Schmorell war der Russlandeinsatz wie ein Nach-Hause-Kommen, so dass allein die russische Landschaft ihn schon tief bewegen konnte:

„Schönes, herrliches Russland! Die Birke ist dein Baum. Dort, weit, weit, wo Himmel und Erde sich berühren – am Rand der unendlichen weiten Ebene steht sie einsam und weit in den Himmel – Du einsame Birke, der ewige Steppenwind liebkost, zerrauft, bricht Dich, Du bist sein ewiger Spielball."[124]

Aber auch die Menschen hatten es ihm angetan. Dem Sohn eines von den Bolschewisten vertriebenen deutschen Arztes war dabei eines besonders wichtig:

„Ich habe den allerbesten Eindruck [...] und seltsam, alle Menschen sind über den Bolschewismus einer Meinung: nichts auf der Welt hassen sie so wie diesen."[125]

Die Erlösung vom Bolschewismus konnte für ihn natürlich nicht der Faschismus sein. Schmorell schwebte eine ganz andere Lösung vor:

„Nicht umsonst haben sie zwanzig Jahre gelitten und leider noch jetzt – nein, nicht umsonst [...] die Welt muss anders werden, russischer."[126]

Durch die „russische Seele", die er durch sein Kindermädchen kennengelernt hatte, sollte für ihn die Welt erlöst werden. Gemeinsam mit seinen Freunden machte er sich auf die Suche nach ihr.

Am 2. August 1942 besuchten die Freunde einen orthodoxen Gottesdienst in einer zerstörten Kirche.

---

124 zit. nach Bald, S. 142.
125 zit. nach Bald, S. 140.
126 zit. nach Zankel, S. 82.

Die Medizinstudenten bewunderten die Schönheit des russischen Chorgesangs und waren von der Frömmigkeit der einfachen Menschen tief berührt. Besonders für Hans Scholl stand die gläubige Demut der Russen für das Gute. Die Deutschen aber hatte ihr Hochmut verführt. Für Scholl waren seine Landsleute deshalb unrettbar dem Bösen verfallen:

„Die Deutschen sind unverbesserlich. Ihre Falschheit steckt ihnen schon so tief im Fleisch, dass man sie nicht exstirpieren könnte, ohne den ganzen Körper zu töten. Ein verlorenes Volk."[127]

Das viele, von den Deutschen über die Russen gebrachte Leid empörte ihn. In seinem Russland-Tagebuch klagt er Gott an und fordert eine gerechte göttliche Strafe für das verworfene deutsche Volk:

„Ist das Maß der Leiden noch nicht voll? Warum wird das Leid so einseitig ausgestreut? Wann fegt ein Sturm endlich all diese Gottlosen hinweg, die Dein Ebenbild beflecken, die einem Dämon das Blut von Tausenden von Unschuldigen zum Opfer darbringen?"[128]

Und so bekam der Fronteinsatz für Scholl eine spirituelle Dimension:

„Wo jede Heimat aufhört, ist Gott am nächsten."[129]

---

127 Jens, S. 129.
128 Jens, S. 114.
129 Russlandtagebuch vom 30. 7. 1942, in: Jens, S. 113.

Anders als in Frankreich half ihm sein neuer, vertiefter Glaube, mit den Todes- und Gewalterfahrungen fertig zu werden, die er während des Fronteinsatzes täglich erlebte:

„Wenn Christus nicht gelebt hätte und nicht gestorben wäre, gäbe es wirklich keinen Ausweg. Dann müsste alles Weinen grauenhaft sinnlos sein. Dann müsste man mit dem Kopf gegen die nächste Mauer rennen und sich den Schädel zertrümmern. So aber nicht."[130]

Er stellte seine traumatischen Kriegserlebnisse und die rassistisch motivierte, ausbeuterische Besatzungspolitik der Deutschen in einen theologisch-apokalyptischen Zusammenhang. Der Russland-Feldzug galt ihm nicht als Auseinandersetzung zweier politischer Ideologien, sondern er sah darin das Wirken eines Dämons, der das deutsche Volk verführt hatte und es nun mit sich in den Abgrund riss.

So gut es ging, versuchte Scholl, Sühne zu leisten. Einmal beerdigte er zusammen mit Schmorell den halb verwesten Leichnam eines russischen Soldaten, den sie im Gebüsch gefunden hatten. Ein anderes Mal verhinderten er und seine Freunde die Misshandlung von russischen Zwangsarbeitern. Das Kleeblatt um Scholl und Schmorell suchte den Kontakt zur einheimischen Bevölkerung. In dem Waldstück, in dem sich der Hauptverbandsplatz von Gschatsk befand, lebten zahlreiche Russen, die in verschiedenen Lagern untergebracht waren. Dem Halbrussen Alexander Schmorell gelang es meistens schnell, das Misstrauen der Russen vor den fremden Soldaten

---

130 Jens, S. 128.

zu überwinden. Die Studenten verteilten Brot, Zucker und Tabak und leisteten medizinische Hilfe. Sie sangen, tranken und musizierten mit den Einheimischen. Einmal nahmen sie sogar an einem spontan organisierten Tanzvergnügen teil.

Für Willi Graf war der freundschaftliche Umgang mit den Einheimischen eine bereichernde Erfahrung. Er hatte die Russen vorher nur als Feinde erlebt. Wie seine Freunde berührte ihn das Unglück des russischen Volkes, „das wie auch das Unsere solche Nöte und Ungeheuerlichkeiten erleben muss."[131]

Die Treffen mit der Bevölkerung waren für die Studenten nicht ungefährlich. Es wurde nicht gerne gesehen, wenn deutsche Soldaten mit „slawischen Untermenschen" Freundschaften schlossen. Menschlichkeit und selbst das Verteilen von Brot konnte als „Feindbegünstigung" ausgelegt werden. Dieses angebliche „Verbrechen" wurde von der NS-Militärjustiz mit Verrat gleichgesetzt und sehr hart geahndet. Langjährige Haftstrafen oder sogar die Todesstrafe waren bei einer Verurteilung wegen „Feindbegünstigung" nicht selten.

Die militärischen Vorgesetzten von Scholl und seinen Freunden sahen über das Verhalten der Sanitätsfeldwebel hinweg. Bei den Frontärzten und im gesamten Sanitätskorps hatte die nationalsozialistische Rassenideologie wenig Anhänger. Die Mehrzahl der Mediziner fühlte sich an den hippokratischen Eid gebunden, hinter dem der Schwur auf Hitler zurückstand.

Für die jungen Medizinstudenten hatte der Eid auf den „Führer" längst keine große Bedeutung mehr. Ihre

---

131   Brief von Willi Graf vom 24. 9. 1942, zit. nach Bald, S. 148.

ganze Verachtung für den Nationalsozialismus zeigten sie während des Rücktransports bei einem Kneipenbesuch in Warschau. In der „Blauen Ente" baten sie die Kapelle, ein russisches Volkslied zu spielen und sangen laut mit. Etwas später am Abend intonierten sie noch die englische Nationalhymne „God Save the King".

Sie hatten Glück, dass sie niemand wegen „Wehrkraftzersetzung" bei der Feldpolizei angezeigte. Unbehelligt kehrten die Vier nach München zurück. Die Erfahrungen in Russland hatten Scholl, Schmorell und Graf in ihrem Beschluss gestärkt, gegen den Wahnsinn des Krieges vorzugehen. Alexander Schmorell sagte nach seiner Rückkehr vom Fronteinsatz zu seiner Freundin Lilo Berndl-Ramdohr:

„Nach dem Krieg darf es keinen Hitler mehr geben und auch der Bolschewismus muss restlos verschwinden."[132]

---

132 zit. nach Süß/Süß, S. 29.

Die Widerstands-
bewegung

Während seine Söhne an der Front waren, wurde Robert Scholl im Sommer 1942 verhaftet. Er war von seiner Sekretärin bei der Gestapo denunziert worden. Im Gespräch hatte er Hitler „eine rechte Gottesgeißel" genannt. Diese Aussage genügte, um ein Strafverfahren gegen Robert Scholl einzuleiten. Er hatte gegen das „Heimtückegesetz" verstoßen, eine jener typischen Bestimmungen der NS-Terrorjustiz, die jeden Deutschen wegen der geringsten Unmutsäußerung treffen konnten.

Ein weiterer Anklagepunkt lautete auf „Rundfunkverbrechen", also das Hören sogenannter „Feindsender". Seit Kriegsbeginn durften keine ausländischen Sender mehr empfangen werden. Auf jedem Radiogerät musste gut sichtbar ein roter Aufkleber angebracht werden, der davor warnte, andere als die Goebbels-Sender einzustellen.

Die Strafe für einen überführten Schwarzhörer betrug bis zu drei Jahre Zuchthaus, hartnäckige „Rundfunkverbrecher" konnten sogar in ein Konzentrationslager kommen. Wer „Feindmeldungen" weiterverbreitete und sich dadurch der „Zersetzung des Wehrwillens" schuldig machte, musste mit der Todesstrafe rechnen.

Da das Schwarzhören zu den am häufigsten denunzierten „Verbrechen" im NS-Staat gehörte, beließ es die Gestapo bei der ersten Anzeige in der Regel bei einer Verwarnung. Der Schreck über eine Vorladung in die örtliche Gestapo-Zentrale bewirkte, dass die meisten Schwarzhörer von nun an vorsichtiger bei ihren „Rundfunkverbrechen" waren.

Wie die meisten NS-kritischen Deutschen hörte die Familie Scholl selbstverständlich ausländische Sender. Die Scholls schalteten meistens das deutschsprachige Programm der BBC ein, das als vergleichsweise objektiv galt und eine realistischere Darstellung der Kriegslage bot als die gleichgeschalteten NS-Medien.

In der Gerichtsverhandlung konnte man Robert Scholl die „Rundfunkverbrechen" nicht nachweisen. Wegen seiner „zersetzenden" Äußerung über Hitler wurde er allerdings zu einem halben Jahr Gefängnis verurteilt. Außerdem wurde ihm untersagt, weiter als Steuerberater und Wirtschaftsprüfer tätig zu sein.

Das Berufsverbot traf die Familie hart. Nach seiner vorzeitigen Entlassung aus dem Gefängnis musste Scholl eine wesentlich schlechter bezahlte Stelle als Buchhalter annehmen. Das niedrige Buchhaltergehalt reichte gerade zum Leben. Die Studiengebühren für Sophie konnten davon nicht bezahlt werden. Für Sophie Scholl war klar, dass sie ihr Studium nach dem Wintersemester nicht fortsetzen konnte.

Einige Ulmer NS-Parteigrößen hatten sich bei der Gerichtsverhandlung für Robert Scholl eingesetzt. Sie lobten seine überragende Fachkompetenz und seine große berufliche Korrektheit. Scholl wurde deshalb erlaubt, die laufenden Aufträge seines Steuerbüros vom Gefängnis aus abarbeiten zu dürfen. Sein Freund Eugen Grimminger unterstützte ihn dabei und führte während seiner Abwesenheit das Steuerbüro weiter.

Der 1892 geborene Eugen Grimminger gehörte zu jenen stillen Helden, deren mutiges Wirken erst durch die Forschung der letzten Jahre gewürdigt wurde.[133] Der gläubige Katholik war ein enger Freund der Familie Scholl und wie Robert Scholl ein überzeugter Pazifist. Wegen seiner jüdischen Ehefrau wurde der Finanzfachmann 1935, also nach der Verkündung der Nürnberger Gesetze, aus dem Prüfdienst der Württembergischen Raiffeisengenossenschaften entlassen.

Nachdem er seine Frau sicher in die Schweiz gebracht hatte, reichte er die Scheidung ein. Er hätte sonst nicht als vereidigter Buchprüfer in Stuttgart arbeiten können. Neben seiner Frau half er auch anderen verfolgten Juden bei ihrer Flucht über die Schweizer Grenze.

Im November 1942 weihten ihn Scholl und Schmorell in die Arbeit des Weiße-Rose-Kreises ein. Grimminger erklärte sich sofort zur Unterstützung bereit. Mit seinen Zuwendungen wollte er helfen, „den Krieg zu verkürzen".[134] Erst seine großzügigen Geld- und Sachspenden haben die spätere Ausweitung der Flugblattaktion ermöglicht.

Auch Traute Lafrenz half mit, die Altaufträge zu erledigen. In der Familie Scholl war man dankbar, dass die ehemalige Freundin von Hans bei der Arbeit einsprang.

---

133 Michael Kißener: Geld aus Stuttgart. Eugen Grimminger und die „Weiße Rose". In: Schüler, S. 65-79.

134 vgl. Bald, S. 151.

Sophie konnte diesmal nicht mitarbeiten. Im August und September 1942 musste sie erneut Kriegshilfsdienst leisten. Die langen Arbeitstage und die ungewohnte manuelle Arbeit in einem Ulmer Metallbetrieb erschöpften sie. Ihrer Freundin Lisa Remppis klagte sie:

„Meinen Fabrikdienst finde ich entsetzlich. Diese geist- und leblose Arbeit, dieser reine Mechanismus, dieses winzige Stückchen Teilarbeit, deren ganzes uns unbekannt ist, deren Zweck mir schrecklich ist, sie greift nicht nur körperlich an, sondern vor allem seelisch."[135]

Sie war glücklich, als diese Zeit endlich vorüber war. Ende Oktober 1942 kamen Hans und seine Freunde vom Fronteinsatz zurück. Die beiden Geschwister suchten sich eine gemeinsame Wohnung, um Mietkosten zu sparen. In der Franz-Josef-Straße 13 wurden sie fündig. In dieser Münchener Wohnung entstanden die letzten beiden Flugblätter.

Nach ihrer Rückkehr von der Ostfront nahmen Hans Scholl und seine Freunde wieder ihr studentisches Leben auf. Auch in ihren letzten klinischen Semestern nahmen sie weiter Fechtunterricht, gingen gemeinsam Skifahren und Reiten.

Noch zu Beginn des vierten Kriegsjahres fanden in München fast täglich Musikaufführungen statt. Scholl und Schmorell nutzten das Konzertangebot ausgiebig. Daneben sangen sie im Bachchor. Oft trafen sich die Freunde spätabends nach den Konzerten und diskutierten bis tief in die Nacht, wie sie ihre Widerstandtätigkeit weiterführen sollten.

---

135 Brief an Lisa Remppis vom 2. 9. 1942, in: Jens, S. 266.

1941 hatte Alexander Schmorell in einer privaten Zeichenschule eine junge Frau kennengelernt und sich mit ihr angefreundet. Lilo Berndl, geborene Ramdohr, war vier Jahre älter als er und mit dem Baurat Otto Berndl verheiratet, der zu diesem Zeitpunkt in Russland dienstverpflichtet war. Bald schon stellte ihr Schmorell seine Freunde vor. Nach und nach erfuhr Lilo Berndl von der NS-kritischen Haltung des Freundeskreises. Der enge Zusammenhalt der Gruppe imponierte ihr. Noch 2006 berichtete sie:

„Diese Freundschaftsmoral hatten alle im Kreis der Weißen Rose. Und alle waren Regimegegner. Die Sehnsucht nach individueller Freiheit, die göttliche Ordnung zum Maßstab der Beziehung zwischen den Menschen und Völkern zu machen, war ein verbindendes Ziel."[136]

Im Sommer 1942 fiel Otto Berndl in Russland. Die junge Witwe hatte einen Jugendfreund, der sich sehr um sie bemühte. Er hieß Falk Harnack, war Dramaturg am Theater in Chemnitz und hatte über seinen Bruder Arvid Kontakt zum Widerstandsnetz „Rote Kapelle".

Die „Rote Kapelle", so nannte sie die Abwehr, also der deutsche Militärgeheimdienst, war ein lockerer Zusammenschluss von mehren Widerstandgruppen um Arvid Harnack und Harro Schulze Boysen. Sie war eine prosowjetische Sammlungsbewegung, die allerdings nicht orthodox-stalinistisch war und die deshalb unabhängig von den Widerstandsgruppen der KPD operierte. Anders als die KPD-Gruppen rekrutierte die „Rote Kapelle" ihre Mitglieder nicht aus einem einzigen sozialen Milieu,

---

136   Bassler, S. 132.

sondern fand ihre Mitstreiter in allen gesellschaftlichen Schichten und unter allen Altersgruppen. Künstler waren unter ihren Mitgliedern, aber auch Wissenschaftler, Ärzte, Theologen, Politiker und Arbeiter. Sie verfassten und verbreiteten Flugblätter, sammelten Informationen über NS-Verbrechen und versuchten, Moskau über die Verhältnisse in Deutschland aufzuklären. Besonders der im Reichswirtschaftsministerium tätige Arvid Harnack und Harro Schulz Boysen, der in Görings Luftfahrtministerium arbeitete, lieferten wertvolle Erkenntnisse an den sowjetischen Geheimdienst NKWD.

Durch Verbindungen ins Ausland entstanden weitere Widerstandsgruppen in Frankreich, Belgien, den Niederlanden und der Schweiz. Durch diese Kreise konnte sich der NKWD in den ersten Kriegsjahren ein genaues Bild von den Verhältnissen machen, die im deutsch besetzten Teil Europas herrschten.

Im Herbst 1940 wollte die sowjetische Botschaft die Kontakte zur „Roten Kapelle" intensivieren und die Arbeit der einzelnen Gruppen koordinieren. Der sowjetische Geheimdienst stellte zwei Funkgeräte zur Verfügung, doch die funktechnische Verbindung zur NKWD-Zentrale in Moskau kam nicht zustande. Die probeweise gesendeten Funksignale brachten die Abwehr auf die Spur der Widerstandsgruppen. Zusammen mit der Gestapo verhaftete der Militärgeheimdienst zwischen August 1942 und März 1943 126 Personen aus dem Umkreis der „Roten Kapelle". Arvid Harnack gehörte zu den ersten Opfern. Am 22. Dezember 1942 wurde er hingerichtet. 48 weitere Mitglieder des pro-sowjetischen Widerstandes wurden in den Jahren 1942 und 1943 von der NS-Justiz ermordet.

Im November 1943 fuhren Hans Scholl und Alexander Schmorell nach Chemnitz, um sich mit Falk Harnack zu treffen. Harnack konnte ihnen aus eigener Erfahrung berichten, wie gefährlich es war, in Hitlers Deutschland eine Widerstandsgruppe aufzubauen. Die Münchener Studenten zeigten sich zwar beeindruckt, ließen sich aber nicht von dem Entschluss abbringen, ihre Widerstandstätigkeit weiter auszudehnen. Harnack bot ihnen an, Verbindungen zu weiteren Widerstandskreisen herzustellen.

Zur gleichen Zeit fuhr Traute Lafrenz nach Hamburg. 2006 erzählte sie in einem Interview mit Sibylle Bassler davon:

„In Hamburg kannte ich eine Gruppe von Leuten, die dem Hitler-Regime absolut kritisch gegenüber eingestellt waren. Dazu gehörten unter anderem mein früherer Mitschüler Heinz Kucharski und Grete Rothe, die dann später, am 25. April 1945, im Gefängnis Leipzig-Mensdorf umgekommen ist. Ihnen brachte ich zwei der Flugblätter mit – das war ganz geheim. Ich weiß nicht, wie sie in diesem Kreis aufgenommen wurden, da ich ihnen nur die Flugschriften übergeben hatte. Ich traf immer wieder auf Menschen, mit denen man sich über das, was ablief, besprechen konnte. Aber keiner von ihnen, außer Hans, wagte es wirklich, aktiv was zu tun."[137]

In Ulm traf sich Scholl mit Hans Hirzel, der sich bereit erklärte, ein Flugblatt in Stuttgart zu verteilen.

Anfang Dezember 1942 kamen die Freunde zusammen, um bei einer Abschiedsfeier für Christoph Probst,

---

[137] zit. nach Bassler, S. 49.

der nach Innsbruck versetzt wurde, über eine weitere Ausweitung ihrer Widerstandsaktivitäten zu beraten. Hans Scholl hatte die Idee, auch an anderen Universitäten Widerstandszellen zu bilden. Unter der Parole „Gerechtigkeit für alle" sollte an den Hochschulen ein Untergrund-Kommunikationsnetz aufgebaut werden, um in ganz Deutschland Informationen und Aufrufe zum Widerstand zu verbreiten. Bei dieser Gelegenheit bat Hans Scholl seinen Freund Christoph Probst um den Entwurf eines Flugblatts.

Obwohl ihn Zweifel plagten, sagte Willi Graf bei jenem Treffen seine Mitarbeit zu. Graf war sich nicht sicher, ob die geplanten Widerstandsaktionen den gewünschten Erfolg hatten. Im Januar 1943 notierte er in sein Tagebuch:

„Ob das der richtige Weg ist? Manchmal glaube ich es sicher, manchmal zweifle ich daran. Aber trotzdem nehme ich es auf mich [...]."[138]

Anders als seine neuen Freunde, für die der Widerstand auch etwas Spielerisches hatte, nahm er die Sache bitterernst. Er wollte an anderen Hochschulen regimekritische Studenten für die Mitarbeit im Weiße-Rose-Kreis gewinnen. Graf wusste, dass er damit die Deckung verließ und sich in akute Lebensgefahr brachte. Das Risiko, auf einen Denunzianten zu treffen, war enorm. Dennoch machte er sich sofort ans Werk. Noch im Dezember 1942 traf er sich in München mit ehemaligen Kameraden von den Bündischen. Es gelang ihm aber nicht, seine einstigen Weggenossen zur Mitarbeit im Weiße-Rose-Kreis

---

138   zit. nach Zankel, S. 40.

zu gewinnen. Auf seinen Wunsch zog seine Schwester Anneliese nach München.

Der Buchhändler von Hans Scholl, Josef Söhngen, war über die Aktivitäten des Weiße-Rose-Kreises informiert. Er bot Scholl an, ein Treffen mit dem in Italien lebenden Antifaschisten Giovanni Stepanow zu vermitteln. Damit wäre Scholls Widerstandskreis Teil eines europäischen Netzwerks geworden. Der Kontakt kam aber nicht mehr zustande.

In der Vorweihnachtszeit 1942 führten Scholl und Schmorell ein intensives Gespräch mit Prof. Huber. Sie weihten ihn in ihre Aktivitäten ein. Nach einer Woche Bedenkzeit sagte der Professor zu, an einem neuen Flugblatt mitzuarbeiten.

Der Medizinstudent Jürgen Wittenstein, der schon früh von dem Engagement des Weiße-Rose-Kreises wusste, fuhr im Dezember 1942 nach Berlin, um einen Studienfreund Scholls, Hellmut Hartert, über die Widerstandsaktivitäten zu unterrichten. Wittenstein war vorsichtig und versuchte, möglichst wenig aufzufallen. Auch Hellmut Hartert zögerte. Sie verschoben die Entscheidung, eine Widerstandszelle in Berlin aufzubauen. Die Polizeipräsenz in der Reichshauptstadt erschien ihnen zu übermächtig.

Die Weihnachtsferien 1942 nutzten die Mitglieder des Weiße-Rose-Kreises dazu, weitere konspirative Kontakte in der Heimat zu knüpfen. Hans und Sophie Scholl verabredeten mit Hans Hirzel in Ulm weitere Widerstandsaktionen, Traute Lafrenz unterrichte Freunde in Wien, der Heimatstadt ihrer Mutter.

Willi Graf traf sich in Saarbrücken mit Freunden aus der Bündischen Jugend, die bereits im Widerstand aktiv waren. Willi Bollinger, ein Schulfreund Grafs, beschaffte als Stabsdienstsoldat gefälschte Urlaubs- und Militärfahrscheine. Damit konnten die Angehörigen der Studentenkompanie unbehelligt durch das Reichsgebiet reisen. Sie hatten nun die nötigen Papiere zur Verfügung, um nicht bei Kontrollen aufzufallen. Bollinger beschaffte wahrscheinlich auch die Waffen, die Scholl, Schmorell und Graf während ihrer nächtlichen „Schmieraktion" mit sich führten.

Willi Bollingers Bruder Heinz studierte in Freiburg, wo er einige regimekritische Studenten kannte. An sie gab er die Nachrichten aus München weiter. Auf Bollingers Anregung entstand daraufhin auch in Freiburg eine Widerstandszelle.

Anfang Januar 1943 beschlossen Scholl und Schmorell ein neues Flugblatt zu verfassen und in Umlauf zu bringen. Scholl ging zu Prof. Huber und informierte ihn über das Vorhaben. Er bat den Professor, ihnen bei der Abfassung des Textes zu helfen.

Mitte Januar trafen sich Huber, Schmorell, Graf, Hans und Sophie Scholl in der Wohnung der Geschwister, um über eine mögliche Nachkriegsordnung zu diskutieren. Als Diskussionsgrundlage legten Scholl und Schmorell ihre jeweiligen Flugblattentwürfe vor. In der anschließenden Aussprache lehnte Huber Schmorells Text ab, weil er seiner Meinung nach zu viele „kommunistisch klingende Aufforderungen"[139] enthielt. Schmorell war verärgert und verabschiedete sich bald. Er wollte noch zu einem Konzert gehen.

Die kleine Episode zeigt, dass die Widerstandsarbeit nicht das Hauptinteresse der Studenten war. Andere

---

139 Vernehmungsprotokoll Kurt Huber, 2. 3. 1943, B. 15, zit. nach Zankel, S. 96.

Dinge standen für sie im Vordergrund. Die Mitglieder des Weiße-Rose-Kreises waren ganz normale Studenten, die für ihre Scheine büffelten, ihre Liebesaffären hatten und ihren Hobbys nachgingen. Scholl und Schmorell haben nicht Tag und Nacht darauf hingearbeitet, das Hitlerregime zu stürzen. Die Widerstandsarbeit war anfangs mehr eine Nebenbeschäftigung für sie. Sie hatten einfach das Gefühl, etwas unternehmen zu müssen. Vielleicht reizte sie auch die Gefahr, die im Kampf gegen das NS-Regime lag. Wie so viele Nebenbeschäftigungen begann ihnen die Weiße Rose immer stärker über den Kopf zu wachsen. Sie hatten die Macht des Gegners, mit dem sie sich anlegten, sträflich unterschätzt.

Im Gespräch räumten Scholl und Huber einige inhaltliche Differenzen aus, weil Scholl, anders als Huber, jede Zusammenarbeit mit den Nationalsozialisten ausschloss. Schließlich einigten sich der Student und der Professor auf einen gemeinsamen Text. Wenige Tage später schrieb Hans Scholl das fünfte Flugblatt. Er benutzte dazu den mit Huber gemeinsam erarbeiteten Textentwurf.

Mit dem fünften Flugblatt leitete der Weiße-Rose-Kreis einen „Kurswechsel zur Demokratie"[140] ein. Bereits die Überschrift formuliert den neu gefundenen Anspruch: „Flugblätter der Widerstandsbewegung in Deutschland [...] Aufruf an alle Deutsche!"[141]

Die Widerstandsbestrebungen des Weiße-Rose-Kreises hatten den Dunstkreis der Münchener Universität verlassen; nun sollte ganz Deutschland die Wahrheit erfahren.

---

140 Zankel, S. VII.
141 alle Zitate nach Lill, S. 205.

Die zentrale und gesperrt geschriebene Botschaft lautete: „Hitler kann den Krieg nicht gewinnen, nur noch verlängern!" Mit dem Aussprechen dieser Wahrheit machte sich der auf Hitler vereidigte Sanitätsfeldwebel Hans Scholl der „Wehrkraftzersetzung" schuldig, einem schweren Verbrechen im NS-Staat. Er forderte die Deutschen auf, sich von dem „nationalsozialistischen Untermenschentum" zu trennen, um nicht wie die Juden „das von aller Welt gehasste und ausgestoßene Volk" zu werden.

Diese umstrittene Passage wird oft dahingehend interpretiert, dass der staatlich verordnete Antisemitismus des Hitler-Staates auch Scholls Denken vergiftet habe. Eine andere Lesart legt die Vermutung nahe, dass diesem Textausschnitt christlich-antijudaistische Vorstellungen zugrunde liegen, jedoch keinesfalls nationalsozialistischer Antisemitismus. Nach katholischer Lehre, wie sie noch bis zum Zweiten Vatikanischen Konzil in den 1960-er Jahren galt, war das Judentum von seinem Bund mit Gott abgefallen. Die Juden hatten demnach Jesus Christus nicht als den von Gott verheißenen Messias anerkannt und ihn an das Kreuz schlagen lassen. Zur Strafe wurde der Tempel in Jerusalem zerstört und das jüdische Volk über die ganze Welt zerstreut („Diaspora"). Nach der damals geläufigen katholischen Doktrin mussten die Juden zwar die Strafe der Zerstreuung tragen, das von Gott auserwählte Volk durfte jedoch nicht verfolgt oder gar vernichtet werden. Bekehrungsversuche waren allerdings erlaubt, um die Juden auf den – aus christlicher Sicht – richtigen Weg der Erlösung zu führen.

Hans Scholl übernahm dieses theologische Axiom und übertrug es auf die Deutschen. Seiner Meinung nach waren sie das andere, von Gott auserwählte Volk.

Er warnte die Deutschen vor dem Diaspora-Schicksal der Juden, das sie erleiden würden, wenn sie weiter dem falschen Messias Hitler folgten. Diese Stelle ist ein guter Beleg dafür, wie stark Scholls Denken von der zeitgenössischen katholischen Theologie durchdrungen war.

Den Zerstörungskräften des Faschismus stellte Scholl ein positives Zukunftskonzept entgegen: Der „imperialistische Machtgedanke" und „ein einseitiger preußischer Militarismus" müssten beseitigt werden, um ein föderales Europa aufzubauen, das die Freiheit seiner Bürger garantieren könne.

„Freiheit der Rede, Freiheit das Bekenntnisses, Schutz des einzelnen Bürgers vor der Willkür verbrecherischer Gewaltstaaten, das sind die Grundlagen des neuen Europa."

Scholl nahm in diesem Flugblatt Gedanken vorweg, die auch im krisengeschüttelten Europa unserer Tage nichts von ihrer Strahlkraft eingebüßt haben.

Alexander Schmorell war erstaunt, als er bei seinem nächsten Besuch bei Scholl ein fertiges Flugblatt vorfand. Obwohl keine seiner Ideen in die neue Flugschrift übernommen wurde, machte er sich mit Scholl an die Vervielfältigung. Später kam noch Willi Graf hinzu. Zusammen stellten sie mehrere tausend Exemplare des Blattes her. Dann suchten sie Adressen heraus und tippten Briefumschläge für viele hundert Exemplare, die sie gleich verschickten. Zufrieden notierte Willi Graf in sein Tagebuch:

„Besuch bei Hans, auch am Abend bin ich noch dort, wir beginnen wirklich mit der Arbeit, der Stein kommt ins Rollen."[142]

---

142 zit. nach Zankel, S. 96.

Die Widerstandbewegung begann, den Kampf aufzunehmen. Die Mitarbeit aller Mitglieder des Weiße-Rose-Kreises war jetzt gefordert. Um die Spuren zu verwischen, fuhr Sophie Scholl mit einem Koffer voller Flugblätter nach Augsburg. Im Schutz der Dunkelheit lief sie durch die ganze Stadt und warf die fertig adressierten Briefumschläge in verschiedenen Briefkästen ein. Dann fuhr sie nach Ulm und übergab Hans Hirzel die für Stuttgart gedachten Flugblätter. Zusammen mit seiner Schwester Susanne und seinen Freunden Franz Müller und Heinrich Guter machte Hans Hirzel auf der Orgelempore der Ulmer Martin-Luther-Kirche etwa tausend Exemplare versandfertig, die sie dann von Stuttgart aus versendeten.

Alexander Schmorell fuhr mit versandfertigen Flugblättern nach Salzburg und Linz. Von Wien aus verschickte er Flugschriften nach Frankfurt am Main. Jürgen Wittenstein brachte einige Flugblätter nach Berlin.

Die größte Gefahr nahm Willi Graf auf sich. Er brachte einen Vervielfältigungsapparat und das fünfte Flugblatt nach Saarbrücken. Willi Bollinger stellte gleich 200 Exemplare her, die er im Saarland verteilte. Dann reiste Graf nach Freiburg, um sich mit Helmut Bauer von der Freiburger Widerstandsgruppe zu treffen. In Ulm übergab Willi Graf schließlich ein Flugblatt an Heinz Bollinger, der es in Freiburg weiterverbreiten wollte.

Die Studenten hatten Glück. Obwohl sie mit Koffern voller Flugblätter durch Deutschland und Österreich reisten, konnten sie Gepäckkontrollen ausweichen. Erst als die Flugblätter ihre Adressaten erreicht hatten und immer mehr Flugblätter in ganz Deutschland bei den Polizeibehörden abgegeben wurden, trat die Gestapo in Aktion, um die neue Widerstandsbewegung mit allen Mitteln zu bekämpfen.

Am 27. Januar 1943 trafen sich die Freunde noch einmal in Eickemeyers Atelier. Christoph Probst war aus Innsbruck gekommen und hatte seinen Schwiegervater Harald Dohrn mitgebracht, einen entschiedenen Antifaschisten. Auch der Kunstmaler Wilhelm Geyer war anwesend. Probst arbeitete gerade an einem neuen Flugblatt, mit dem er auf die Niederlage von Stalingrad eingehen wollte.

Der künstlerisch begabte Alexander Schmorell hatte zwei Schablonen angefertigt, mit denen er und Hans Scholl die Worte „Nieder mit Hitler!" und „Freiheit!" an Hauswände schreiben wollten. Sie hatten sich Teerfarbe besorgt, die sich besonders schlecht wieder entfernen ließ.

In der Nacht vom 3. auf den 4. Februar 1943 begannen sie mit ihrer „Schmieraktion" und schrieben ihre Parolen an Hauswände in der Nähe der Münchener Universität. Ihre Wandschmierereien schmückten sie mit einem durchgestrichenen Hakenkreuz. In der verdunkelten Stadt stießen sie auf keine Polizeistreifen und blieben unbemerkt. Am anderen Tag bemühten sich Arbeitskolonnen und SA-Männer vergeblich, die Graffiti von den Wänden zu beseitigen. Schließlich klebten die Behörden Propagandaplakate über die beschmierten Stellen. Am 8. und 15. Februar wiederholten Scholl und Schmorell die Aktion. Bei den erneuten nächtlichen Streifzügen kam auch Willi Graf mit, der in Saarbrücken Schusswaffen besorgt hatte und für seine Freunde Wache stand. Aber auch diesmal blieben sie unbehelligt.

Am 4. Februar 1943, einen Tag nach der Bekanntgabe der Niederlage von Stalingrad, begann Professor Huber seine Vorlesung mit den Worten: „Wir gedenken heute der Opfer von Stalingrad, die Zeit der Phrasen ist vorbei."

Huber hatte vorher mit Rücksicht auf seine Familie gezögert. Nun stellte er sich voller Überzeugung auf die Seite seiner Studenten. Im Gestapo-Verhör gab er den genauen Zeitpunkt an, an dem er vom Mitwisser zum Mitkämpfer im Weiße-Rose-Kreis wurde:

„Den entscheidenden Anstoß zu einer völligen Änderung in meiner Einstellung gab die Einberufung der Studentenversammlung durch Gauleiter Giesler im Kongresssaal des Deutschen Museums. Ich empfand es als ein schlechthin undiskutierbares Vorgehen gegen deutsche Frontstudenten, dass ihnen zugemutet wurde, sich vor Betreten der Versammlung abstempeln zu lassen mit der Drohung, dass, wer nicht abgestempelt sei, im folgenden Semester an keiner deutschen Universität inskribiert werde. Ich sehe nach wie vor in dieser Maßnahme des Gauleiters nicht nur eine ungeheure Verachtung des deutschen Studenten, und der deutschen Bildung, sondern einen unmittelbaren Angriff auf die deutsche Armee [...] Mir scheint diese Anmaßung noch weit schwerer Unruhe stiftend gewirkt zu haben, als die Beleidigung der Studentinnen durch den Studentenführer und leider durch den Herrn Gauleiter [...] Ich nahm mir fest vor, jetzt einmal aus der Reserve herauszugehen und auf irgend eine Weise nicht einem Publikum, sondern den maßgebenden Stellen der Partei Kunde zu geben, wie man im Volk, in der deutschen Studenten- und Professorenschaft über diese Schritte gegen persönliche Ehre und Freiheit denkt. In diesem Augenblick stieg in mir erst der Gedanke auf, die Flugblattaktion Scholl's hiezu zu benützen."[143]

---

143   zit. nach Süß/Süß, S. 32.

Anfang Februar war Falk Harnack in München, um Zeit mit der Lilo Berndl-Ramdohr zu verbringen. Die Jugendfreundin war seine große Liebe. Er wollte der jungen Witwe einen Heiratsantrag machen. Harnack nutzte die Zeit in München allerdings auch dazu, um sich mit Scholl, Schmorell und Prof. Huber zu treffen. Sie wollten über Zukunftsperspektiven nach dem Fall des Nationalsozialismus diskutieren und weitere Widerstandsaktionen planen. Huber war von den national-bolschewistischen Ideen Harnacks wenig begeistert. Vor allen Dingen lehnte der konservative Professor die von der Roten Kapelle vertretene Forderung nach einer Verstaatlichung der Großindustrie ab. Huber weigerte sich, im Weiße-Rose-Kreis mitzuarbeiten, solange der sächsische Dramaturg in München war. Da er wieder nach Chemnitz musste, vereinbarte Harnack für den 25. Februar ein weiteres Treffen mit Scholl. Bis dahin wollte er seinen Vetter, den bekannten Theologen und Hitlergegner Dietrich Bonhoeffer, über den Weiße-Rose-Kreis informieren.

Am 13. Januar 1943 war es während der 470-Jahrfeier der Universität München zu dem im Eingangskapitel beschriebenen Vorfall gekommen. In einer Schmährede hatte der Münchener Gauleiter Giesler die Studentinnen der Hochschule beleidigt, woraufhin es zu Tumulten gekommen war, die nur mühsam von den Behörden unterdrückt werden konnten.

Der Weiße-Rose-Kreis beschloss gut vier Wochen später, auf diese Ereignisse und auf die Katastrophe von Stalingrad mit einem neuen Flugblatt zu reagieren. Um eine größtmögliche Massenwirkung zu erzielen, baten die Studenten den in diesen Dingen erfahrenen Prof. Huber, einen Text für das neue Flugblatt zu verfassen. Bei der

Schlussredaktion des Manuskriptes kam es allerdings zum Streit. Die pazifistisch eingestellten Studenten Scholl und Schmorell weigerten sich, einen Passus aufzunehmen, in dem der national-konservative Prof. Huber die deutschen Studenten auffordern wollte, sich „unserer herrlichen Wehrmacht" zu unterstellen.

Für Scholl und Schmorell stand der Aufruf zum studentischen Widerstand im Vordergrund. Im Angesicht der Niederlage von Stalingrad, die mit dem Untergang von Napoleons Großer Armee im Winter 1812 verglichen wird, sollte die akademische Jugend sich nicht mehr länger bevormunden und demütigen lassen, sondern endlich aufstehen und wie im Jahre 1813 die Unterdrücker hinwegfegen.

Das neue Flugblatt musste in zwei Auflagen hergestellt werden, weil die Matrize riss. Insgesamt wurden etwa 3000 Exemplare produziert. Scholl, Schmorell und Graf waren nun unvorsichtiger. Es wurden zwar wieder Etliche mit der Post versandt, die Studenten fingen nun aber an, die Flugblätter auch nachts in der Stadt zu verteilen. Der Erfolg ihrer nächtlichen „Schmieraktion" hatte sie möglicherweise zu selbstsicher gemacht.

Man muss sich fragen, wie die Studenten mit dem gewaltigen Pensum fertig wurden, das sie sich auferlegt hatten. Zu einem anstrengenden Studium kamen bei Scholl und Schmorell vielfältige Freizeitaktivitäten dazu. Dann noch die anstrengende Widerstandsarbeit, die sie um den Schlaf brachte, die nächtelangen Diskussionen, das beschwerliche Vervielfältigen der Flugblätter, das Schreiben und Frankieren der Umschläge, das Verschicken der Briefe aus verschiedenen Städten usw. kosteten zweifellos viel Kraft, Energie und Mut. Nun ist es kein Geheimnis, dass in der Wehrmacht – wie in anderen Armeen auch – großzügig Amphetamine ausgegeben wurden. Die neu entdeckten Psychodrogen wurden als Wundermittel angesehen, mit dem man die Leistungsfähigkeit von Flugzeug- und Panzerbesatzungen steigern konnte. An die Besatzungen von Fernaufklärern, Bombern und Nachtjagdflugzeugen wurden die „Pervitin" genannten Pillen vor jedem Einsatz ausgegeben. Die euphorisierenden Tabletten sollten die Todesfurcht dämpfen, die Flieger mutiger machen und hellwach.[144]

Vielleicht haben Schmorell, Graf und Scholl die psychoaktiven Substanzen während ihres Fronteinsatzes in Russland kennengelernt. In der Nähe des Hauptverbandsplatzes befand sich ein Feldflugplatz, auf dem sie manchmal Dienst taten. Für die angehenden Mediziner, vor allem für den Luftwaffensanitäter Probst, muss es ein Leichtes gewesen sein, Pervitin zu besorgen. Es ist denkbar, dass ein allzu sorgloser Einsatz dieses Mittels die jungen Männer unvorsichtig gemacht hat.

Eine Nebenwirkung des Amphetamin-Missbrauchs zeigte sich möglicherweise im Spätwinter 1942 bei Hans Scholl. Er erlitt einen paranoiden Schub und fühlte sich zunehmend beobachtet und verfolgt. Die Gestapo hatte aber bis zu diesem Zeitpunkt noch keine Anhaltspunkte für einen Verdacht gegen ihn.

Möglicherweise hatten Hans und Sophie Scholl am Morgen des 18. Februar 1943 Pervitin eingenommen, als sie gegen 11 Uhr das Hauptgebäude der Münchener Universität betraten. Auf dem Weg zur Universität

---

144   Ein harmloseres Mittel war die mit Kolanuss-Extrakt versetzte „Fliegerschokolade" Scho-ka-kola.

begegneten ihnen Will Graf und Traute Lafrenz, die sich darüber wunderten, dass ihre Freunde am helllichten Tag Flugblätter auslegen wollten.

Hans Scholl wollte die Flugblätter eigentlich alleine verteilen, doch seine Schwester wollte unbedingt mitkommen. Sie legten Exemplare des sechsten Flugblattes auf Fenstersimsen und in den Gängen aus. Die Geschwister hatten das Universitätsgebäude bereits verlassen, als sie auf dem Nachhauseweg merkten, dass sie noch Blätter übrig hatten. Kurz vor dem Ende von Prof. Hubers Vorlesung betraten sie erneut das Hauptgebäude. Sie gingen hinauf in das zweite Stockwerk. Sophie warf die restlichen Flugblätter leichtsinnigerweise von der Empore in den Lichthof der Eingangshalle hinab. Im Gestapo-Verhör sagte sie dazu aus:

„In meinen Übermut oder meiner Dummheit habe ich den Fehler begangen, etwa 80 bis 100 solcher Flugblätter vom 2. Stockwerk der Universität in den Lichthof herunterzuwerfen."[145]

Es stellt sich die Frage, warum eine kluge und beherrscht handelnde junge Frau wie Sophie Scholl so unüberlegt vorgehen konnte. Ich halte es für möglich, dass Sophie Scholl in einem Amphetamin-Rausch war. Es könnte sein, dass sie Pervitin genommen hat, um die Angst zu unterdrücken, die immer stärker auf den Geschwistern lastete. Seit dem Januar fühlte sich Hans Scholl von der Gestapo eingekreist.

Sie wurden von dem Universitätspedell Josef Schmid beobachtet. Er eilte den Geschwistern nach, holte sie ein

---

145   zit. nach Bald, S. 117.

und forderte sie auf, zur Hausverwaltung mitzukommen. Noch lange nach dem Krieg rechtfertigte der Kleinbürger Schmid, der ein fanatischer Hitler-Anhänger war, seine Tat mit dem Hinweis, „dass man es Studenten nicht erlauben könne, die Universität in Unordnung zu bringen".[146] Der Hausverwalter rief den Syndikus der Universität an. Dieser verständigte die Gestapo.

Die Frage, warum der große und sportliche Hans Scholl den eher kleinen und schmächtigen Schmid nicht einfach überwältigt hat, bleibt offen. Die Geschwister hatten eine Möglichkeit zur Flucht. Sie hätten nur den Pedell überwältigen brauchen, um unbemerkt aus der noch menschenleeren Eingangshalle zu fliehen.

Vielleicht hat sein Pervitin-Missbrauch Hans Scholl am rationalen Handeln gehindert. Vielleicht waren sie einfach nur froh, dass es endlich vorbei war.

Am 25. Februar 1943 wartete Falk Harnack in Berlin vergeblich auf Hans Scholl. Über seinen Vetter Dietrich Bonhoeffer hatte er ein Treffen mit Mitgliedern des militärischen Widerstands arrangiert. Es sollte über eine mögliche Zusammenarbeit zwischen dem Weiße-Rose-Kreis und den Verschwörern gesprochen werden, die das Hitler-Attentat vom 20. Juli 1944 planten. Harnack wusste nicht, dass Scholl zu diesem Zeitpunkt bereits nicht mehr lebte.

---

146 Gestapo, S. 86.

Vor dem
Volksgerichtshof

Nach kurzer Zeit traf die Gestapo ein. Sofort wurden alle Türen der Universität geschlossen, damit keine Flugblätter nach draußen geschmuggelt werden konnten. Vor der Universität hatte sich eine große Menge von Studenten versammelt.

Auf dem Weg zu den Polizeifahrzeugen gelang es Hans Scholl, seiner damaligen Freundin Gisela Schertling, die unter den Passanten war, eine Botschaft für Alexander Schmorell zuzuflüstern. Das war unüberlegt. Nun war der Gestapo bekannt, dass Schertling in einer Beziehung zu Scholl stand. Wenig später wurde auch sie verhaftet und polizeilich verhört.

Gisela Schertling sollte den Ermittlern eine erste Spur liefern. Sie sprach von einem „Alex" und einem „Willi", mit denen Hans Scholl eng befreundet war. Auch erwähnte sie den Buchhändler Söhngen und die Professoren Huber und Muth.

Noch am Abend des 18. Februar wurden Willi Graf und seine Schwester Anneliese verhaftet. Nur Alexander Schmorell gelang es, vorerst aus München zu fliehen.

In Scholls Manteltasche fanden die Gestapobeamten den von Christoph Probst stammenden Entwurf für ein weiteres Flugblatt. In der Aufregung der letzten Tage hatte Scholl vergessen, das Blatt zu verstecken. Verzweifelt bemerkte er seinen fatalen Fehler. Scholl versuchte, das Schriftstück zu zerreißen und es aufzuessen. Den Gestapo-Leuten gelang es aber, das Blatt fast unbeschädigt sicherzustellen.

Die Freunde hatten versucht, den jungen Familienvater Probst aus ihren Widerstandsaktionen herauszuhalten, um sein Leben nicht zu gefährden. Nun musste Scholl erleben, wie er durch seine Vergesslichkeit den Freund in tödliche Gefahr brachte.

Die Ermittlungen leitete der Kriminalobersekretär Robert Mohr von der Gestapo-Leitstelle München. Wie viele seiner Kollegen kam der 1897 geborene Mohr von der bayrischen Landespolizei, er war also von seiner Ausbildung her ein „normaler" Polizeibeamter und kein SA- oder SS-Mann. Er war auch kein „alter Kämpfer", sondern erst seit 1933 Mitglied der NSDAP.

Er bemühte sich aber, im neuen Staat Karriere zu machen und trat deshalb verschiedenen nationalsozialistischen Verbänden bei. Er wurde Polizeileiter in Frankenthal und wechselte 1938 zur Gestapo nach München. 1943 wurde er der Leiter der Sonderkommission, die sich mit den überall im Reichsgebiet auftauchenden regimefeindlichen Flugblättern befasste.

Robert Mohr entsprach dem Typus eines pflichtbewussten Polizeibeamten. Er war keiner von jenen, die ihre Opfer anschrieen, schlugen oder folterten. Diese Annahme ist offenbar klischeebehaftet: „Viel typischer war hingegen der Beamte, der nicht schrie und schikanierte, der nicht schlug, aber sich bemühte, seine ihm gestellte Aufgabe zu erfüllen."[147]

Die Gestapo ging in den meisten Fällen mit den üblichen polizeilichen Methoden vor: „Befragung, Gegenüberstellung, Aufzeigen von Widersprüchen und erneutes Befragen waren standardisierte Ermittlungsmethoden [...] Vorherrschend war allerdings eine den Opfern gegenüber gleichgültige, formal korrekte aber letztlich rücksichtslose Exekution der von oben verabschiedeten Richtlinien. Die ermittelnden Beamten waren bestrebt detailliert festzustellen, in welcher Weise eine verdächtige Person an bestimmten Aktionen beteiligt war und ob sie dabei in Verbindung mit anderen Personen gestanden hatte. [...] Robert Mohr, der vernehmende Beamte, arbeitete mit harter kriminalistischer Verhörakribie, aber nicht mit körperlicher Gewalt."[148]

Mehrere Zeugen, darunter Robert Scholl, aber auch Hugo Schmorell und Ernst Hirzel sagten nach dem Krieg aus, dass sie und ihre Kinder von den ermittelnden Beamten korrekt und menschlich behandelt worden sind und es bei den Verhören keine Misshandlungen oder Folterungen gab. Ernst Hirzel hob in einer Zeugenaussage ausdrücklich die menschliche Behandlung seines Sohnes Hans durch den Gestapobeamten Mahler hervor. Auch Robert Scholl berichtete 1951:

„Ich konnte meine Kinder noch im Gefängnis, eine Stunde vor ihrem Tode, besuchen und mit ihnen sprechen. Beide

---

147   Gestapo, S. 65.
148   Gestapo, S. 73.

erklärten mir unabhängig voneinander, sie seien von der Münchener Gestapo gut, ja vornehm behandelt worden."[149]

Trotzdem war der psychische Druck, der auf den Geschwistern lastete, enorm. Die Gestapo hatte – zu Unrecht – den Ruf einer allmächtigen und allwissenden Polizeibehörde. Sie waren davon überzeugt, dass Abstreiten und Leugnen letztlich zwecklos sei.

Sönke Zankel hat die Verhörprotokolle von Hans und Sophie Scholl akribisch ausgewertet. Danach ergibt sich folgendes Bild: Nach stundenlangen Verhören brach Hans Scholl in den frühen Morgenstunden des 19. Februar 1943 zusammen und gab Details preis. Er nannte den Aufbewahrungsort des Vervielfältigungsapparats im Atelier Eickemeyers und verriet, dass der bei ihm gefundene Zettel von Christoph Probst stammte. Er versuchte aber, Probst als von ihm verführt darzustellen, um den mehrfachen Familienvater zu schützen. Tapfer versuchte Scholl, sich als den alleinigen Kopf der Widerstandsgruppe darzustellen. Mutig wollte er alle Schuld auf sich nehmen.

Die Münchener Gestapo-Leitstelle informierte sofort die Kollegen in Innsbruck. Der überraschte und völlig ahnungslose Christoph Probst wurde noch in der Nacht festgenommen und nach München überstellt.

Erst in späteren Verhören belastete Scholl auch Schmorell und Graf. Sie seien aber nur Handlanger gewesen. Für die Texte der Flugblätter sei er allein verantwortlich, bis auf den einen Entwurf, den man in seiner Tasche gefunden habe.

Robert Mohr selbst verhörte Sophie Scholl 16 Stunden lang. Währenddessen war der erfahrene Gestapo-Mann

---

149 Bassler, S. 151.

lange Zeit davon überzeugt, dass die junge Frau unschuldig war. Zu glaubhaft hörten sich ihre Erklärungen an. Der leere Koffer, den die Geschwister bei sich trugen, sei für schmutzige Wäsche bestimmt gewesen. Die Papierstapel im Hauptgebäude der Universität seien bereits da gewesen, als sie das Gebäude betraten. Sie hätte nur einen bereits vorhandenen Papierstapel die Brüstung hinab in den Lichthof gestoßen.

Als Mohr sie jedoch mit dem ersten Geständnis ihres Bruders konfrontierte, knickte Sophie Scholl ein. Unabhängig von ihrem Bruder nannte sie die Namen von Schmorell und Graf. Sie versuchte aber, die Bedeutung der Männer für den Widerstandskreis herunterzuspielen. Die beiden Geschwister setzten alles daran, ihre Freunde zu schützen und sich allein schuldig zu bekennen.

Willi Graf war zu diesem Zeitpunkt nur wenig belastet. Für die Gestapo schien er lediglich eine Nebenrolle zu spielen. Graf gab sich als ahnungslosen Mitläufer aus und spielte den braven Volksgenossen, der zufällig in eine unangenehme Sache hineingeraten war. Erst als Schmorell in die Hände der Ermittler fiel, änderte sich das Bild. Schmorells Aussagen belasteten ihn schwer. Nun konnten die Beamten den Saarländer in die Zange nehmen. Bald schon stand Willi Graf mit dem Rücken zur Wand. Er musste seine Mitarbeit eingestehen. Die Verhörspezialisten der Gestapo haben ihn schließlich durch gezielten psychischen Druck dazu gebracht, die Namen seiner Hintermänner preiszugeben.

Hans Scholl war über seine Schwester gut über die Fahndungsfortschritte der Gestapo informiert. Sophie teilte sich ihre Zelle mit Else Gebel, einer politischen Gefangenen, die für die Ermittler Büroarbeiten erledigen musste. Jeden Abend berichtete sie Sophie Scholl von ihren Beobachtungen bei der Arbeit.

Es war für den Gauleiter Giesler äußerst peinlich, dass sich ausgerechnet in der „Hauptstadt der Bewegung" unter den verhassten Studenten eine Widerstandszelle gebildet hatte, die es wagte, mit frechen Flugblättern den „Führer" zu beleidigen. Er bat deshalb den Volksgerichtshof um eine schnelle Aburteilung und harte Bestrafung der Übeltäter.

Die vier Studenten, für die als Soldaten das liberalere Militärstrafrecht galt, mussten dazu erst aus der Wehrmacht ausgestoßen werden. Nur Zivilisten konnte man vor dem Volksgerichtshof anklagen. Bereits am 19. Februar 1943 wurden die vier Sanitätsfeldwebel aus der Wehrmacht entlassen. Wehrmachtschef Keitel, hatte dem Antrag des Münchener Gauleiters sofort entsprochen.

Die Münchener Universität wollte da nicht zurückstehen. Wenige Tage später wurden Scholl, Schmorell und Graf exmatrikuliert, ebenso Sophie Scholl, Traute Lafrenz, Katharina Schüddekopf und Gisela Schertling. Die Hochschule ließ sich die Gelegenheit nicht entgehen, um ihre Verbundenheit mit der Gauleitung durch die Entfernung der angeblichen Verräter zu demonstrieren.

Am 22. Februar begann der Volksgerichtshofprozess gegen Christoph Probst und Hans und Sophie Scholl in einem besonders repräsentativen Gerichtssaal im Münchener Justizpalast.

Der fanatische Nationalsozialist und Hitlers oberster Blutrichter, Roland Freisler, war mit dem 1. Senat des Volksgerichtshofes eigens aus Berlin angereist, um die jungen Leute abzuurteilen.

Freisler war seit August 1942 Präsident des Volksgerichtshofs. Bei seiner Ernennung richtete er folgenden Eid
an seinen „Führer":

„Mein Dank für die Verantwortung, die sie mir anver-
traut haben, soll darin bestehen, dass ich treu und mit
aller Kraft an der Sicherheit des Reiches und der inneren
Geschlossenheit des deutschen Volkes durch eigenes
Beispiel als Richter und als Führer der Männer des
Volksgerichtshofes arbeite, stolz, Ihnen, mein Führer,
dem obersten Gerichtsherren und Richter des deutschen
Volkes, für die Rechtsprechung ihres höchsten politischen
Gerichtes verantwortlich zu sein. Der Volksgerichtshof
wird sich stets bemühen, so zu urteilen, wie er glaubt, dass
sie, mein Führer, den Fall selbst beurteilen würden.

Heil mein Führer! In Treue, ihr politischer Soldat
Roland Freisler."[150]

Freisler stand für eine radikale Politisierung der NS-
Justiz. Im NS-Staat sollte die Rechtsprechung nicht
länger die Rechte des Einzelnen garantieren, sondern dem
Willen des „Führers" und der Partei dienen. Der „Reichs-
rechtsführer" Hans Frank definierte 1936 die Aufgabe des
Richters im NS-Staat:

„[Der Richter hat ...] die völkische Gemeinschaftsordnung
zu wahren, Schädlinge auszumerzen, gemeinschaftswidriges
Verhalten zu ahnden und Streit unter Gemeinschaftsmit-
gliedern zu schlichten. Grundlage der Auslegung aller
Rechtsquellen ist die nationalsozialistische Weltanschauung,

---

150   ebd.

wie sie insbesondere in dem Parteiprogramm und in den Äußerungen des Führers ihren Ausdruck findet."[151]

In neuen „Deutschen Recht" wurde die Gleichheit der Menschen vor dem Gesetz aufgehoben und durch die Grundsätze der Rassenlehre ersetzt. Nur „Volksgenossen" hatten – stark eingeschränkte – Bürgerrechte.

In den Jahren zwischen 1933 und 1945 wurde die Anzahl der Tatbestände, die mit der Todesstrafe bedroht waren, von 3 auf 46 erhöht, die Zahl der Todesurteile stieg auf 5000 im Jahr. Schon der öffentliche Zweifel am deutschen „Endsieg" konnte den Tod bedeuten. In Hitlers Reich galt die Devise „Kopf hoch oder Kopf ab!"

Vor einem Publikum aus Funktionären des NS-Staates, die aus der Justiz, der Partei und der Wehrmacht kamen, inszenierte Freisler sein blutiges Schauspiel: „[...] tobend, schreiend, bis zum Stimmüberschlag brüllend, immer wieder explosiv aufspringend"[152] versuchte er die Angeklagten einzuschüchtern und zu demütigen. Freisler war Richter und Ankläger zugleich. Er war der „öffentlicher Rächer", dessen Aufgabe es nach den Worten von Reichsanwalt Parisius war, „die Gegner des Nationalsozialismus zu vernichten".[153]

Nach vier Stunden war die Farce vorbei. Gegen 13.30 Uhr verlas Freisler das Urteil:

---

151 Zankel, S. 128.
152 Die folgende Darstellung stützt sich auf den Prozessbericht von Susanne Hirzel, die den gesamten Prozess als Angeklagte erlebt hat und eine sehr gute Schilderung der Ereignisse in ihrer Autobiografie „Vom Ja zum Nein". gibt.
153 Rede des Reichsanwalts Parisius 1938. In: Aleff, Eberhard: Das Dritte Reich, S. 90.

„Die Angeklagten haben im Kriege in Flugblättern zur Sabotage der Rüstung und zum Sturz der nationalsozialistischen Lebensform unseres Volkes aufgerufen, defaitistische Gedanken propagiert und den Führer aufs gemeinste beschimpft und dadurch den Feind des Reiches begünstigt und unsere Wehrkraft zersetzt. Sie werden deshalb mit dem T o d e bestraft.

(...)

Wenn solches Handeln anders als mit dem Tode bestraft würde, wäre der Anfang einer Entwicklungskette gebildet, deren Ende einst – 1918 – war. Deshalb gab es für den Volksgerichtshof zum Schutze des kämpfenden Volkes und Reiches nur eine gerechte Strafe: die Todesstrafe. Der Volksgerichtshof weiß sich darin mit unseren Soldaten einig!

Durch ihren Verrat an unserem Volk haben die Angeklagten ihre Bürgerehre für immer verwirkt.

Als Verurteilte müssen die Angeklagten auch die Kosten des Verfahrens tragen.
(...)"[154]

Hans Scholl, Sophie Scholl und Christoph Probst mussten durch das Fallbeil sterben. Das Urteil sollte noch am gleichen Tag vollstreckt werden. Die nationalsozialistische Terrorjustiz hatte ihre Allmacht bewiesen.

Robert und Magdalena Scholl waren im Gerichtssaal, als das Todesurteil über ihre Kinder gesprochen wurde.

---

154 zit. nach Hirzel, S. 225.

Sie hatten erst am Tag vorher von Traute Lafrenz erfahren, dass Hans und Sophie verhaftet worden waren. Die Polizeibehörden hatten sie nicht benachrichtigt. In einem anonymen Telefongespräch informierte Jürgen Wittenstein das Ehepaar Scholl über den Prozess. Er holte sie vom Bahnhof ab und brachte sie zum Justizpalast. Erst nachdem Freislers Schauspiel begonnen hatte, ließ man sie hinein. Die Eltern der Opfer sollten nicht stören, wenn die NS-Justiz ihre Macht in Szene setzte.

Die Eltern fuhren hinaus zum Gefängnis München Stadelheim, wo das Urteil vollstreckt werden sollte. Die Gestapo-Beamten erlaubten ihnen, ihre Kinder vor der Hinrichtung noch einmal zu sehen. Hans Scholl war stark abgemagert. Er weigerte sich, die Kekse anzunehmen, die von der Mutter als eine letzte Freude für sie gebacken worden waren. Elisabeth Hartnagel, die jüngste Schwester, erzählt:

„Hans lehnte die Kekse ab, meinte, er hätte alles hinter sich, und die Sophie soll ganz fröhlich gesagt haben, dass sie heute noch gar nichts gegessen hätte. Sie nahm die Kekse an, aber nach ihrem Tod haben wir sie alle noch in ihrer Manteltasche gefunden. Sie hatte sie nicht gegessen."[155]

Die kleine Szene zeigt die Stärke und Selbstlosigkeit von Sophie Scholl. Selbst im Angesicht des Todes dachte sie noch an ihre Eltern. Sie ist mit einer bewunderungswürdigen Tapferkeit in den Tod gegangen.

Der katholische Anstaltspfarrer Dr. Alt war der geistliche Bestand der Verurteilten. Christoph Probst wollte von ihm

---

[155] zit. nach Hirzel, S. 226.

kurz vor der Hinrichtung getauft werden. Susanne Hirzel berichtet, dass Hans und Sophie Scholl zum katholischen Glauben konvertieren wollten. Dr. Alt lehnte das ab, „um ihrer Mutter nicht zusätzlich Schmerzen zu bereiten."[156]

Kurz bevor sie zum Schafott geführt wurden, schrieb Hans Scholl mit Bleistift das Motto seiner Familie „Allen Gewalten zum Trotz sich erhalten" an die Wand seiner Zelle. Sophie Scholl schrieb „Freiheit!" auf die Rückseite ihrer Anklageschrift.

Dann war es soweit. Sie wurden zu dem Häuschen auf dem Gefängnishof gebracht, in dem die Guillotine stand. Hans Scholl richtete sich noch einmal auf. Er rief laut „Freiheit!" als er über den Hof geführt wurde. Sein Lebensmotto war auch sein letztes Wort. Wenige Sekunden später war eine Erschütterung zu spüren. Das Fallbeil war niedergesaust.

Dann wurde Christoph Probst zum Schafott geführt. Zuletzt starb Sophie Scholl.

Die Körper der Toten wurden zusammen mit den abgeschlagenen Köpfen in einen Sarg gelegt. Es war üblich, dass die Leichen von Hingerichteten in die Anatomie gebracht wurden, damit sie dort von Medizinstudenten seziert werden konnten. Diese letzte Demütigung hat man den Verurteilten erspart. Am 24. Februar 1943 konnten Robert und Magdalena Scholl ihre Kinder auf dem Perlacher Friedhof beisetzen.

Am nächsten Tag verkündete die NS-Presse triumphierend: „Wegen Hoch- und Landesverrat verurteilt. Das Urteil ist bereits vollstreckt."

Der Blutdurst des Regimes war damit aber noch nicht gestillt. Weitere Prozesse sollten folgen.

---

156   zit. nach Hirzel, S. 227.

Der zweite Prozess

Alexander Schmorell ließ sich von der zunehmenden Paranoia seiner Freundes Hans Scholl anstecken. Lilo Fürst-Ramdohr erzählt, dass er bereits am 11. Februar 1943 im Heizungskeller ihres Hauses seine Uniform und sein Soldbuch zusammen mit den Graffiti-Schablonen verbrannt hat. Er erzählte ihr von seinen Plänen, in einem Lager für russische Kriegsgefangene unterzutauchen.

Am 18. Februar erhielt er die Warnung, dass er wegen der Verbreitung staatsfeindlicher Flugblätter festgenommen werden sollte. Er versuchte daraufhin, seine Freunde zu erreichen. Als er in der Wohnung der Geschwister niemanden mehr antraf, entschloss er sich zur Flucht.

Schmorell konnte nicht mehr nach Hause zurück, weil da die Gestapo bereits auf ihn wartete. Für die Flucht, die er größtenteils zu Fuß wagen wollte, brauchte er Papiere, Kleidung und Essen. Lilo Berndl-Ramdohr half ihm dabei, über einen ausländischen Freund einen falschen Pass zu besorgen. Der Bulgare Nikolay Hamazapian gab ihm neben den gefälschten Papieren Kleidung und Essen für die Reise mit. Schmorell wollte zuerst nach Innsbruck

fliehen, um dort eine Russin zu treffen, die ihm weiter-
helfen konnte. Beim Abschied von Lilo Ramdohr sagte er
voll Gottvertrauen:

„Es muss was geschehen. Und wenn es denn sein soll,
werde ich mich aufs Sterben freuen, weil ich ja weiß, dass
es kein Ende gibt.“[157]

Als sie zum Abschied seine Hand nahm, sagte er noch:
„Du, mein bester Freund.“[158] Dann verschwand er aus
München.

Am 21. Februar 1943 begann die Gestapo mit einer
Großfahndung nach ihm. In den „Münchner Neuesten
Nachrichten", erschien an diesem Tag eine Anzeige mit
Schmorells Bild. Eine Belohnung von 1000 RM wurde
für die „Ergreifung eines Verbrechers“[159] ausgelobt. Überall hingen Fahndungsplakate mit seinem Bild. Sie hingen
neben den blutroten Propagandaplakaten, auf denen die
NS-Behörden stolz die Ermordung seiner drei Freunde
als „Hochverräter" verkündeten.

Schmorell flüchtete bis nach Innsbruck. Die Russin,
die er treffen wollte, kam nicht. Wahrscheinlich war ihr
die Sache zu heiß geworden. Daraufhin versuchte er bei
Bekannten unterzutauchen, die in der Nähe von Innsbruck ein Schloss besaßen. Die Bekannten fürchteten
aber die Nachforschungen der Gestapo und wollten ihn
deshalb nicht aufnehmen. Von einer entfernten Verwand-
ten der Familie wurde er sogar an die Polizei verraten.
Doch er hatte Glück. Die Polizisten akzeptierten seinen
gefälschten Pass und ließen ihn weiterziehen.

---

157   zit. nach Scholl, S. 199.
158   zit. nach Scholl, S. 199.
159   zit. nach Scholl, S. 199.

Nun versuchte er, in die Schweiz zu reisen. Es gelang ihm aber nicht, über die stark verschneiten Alpenpässe in die Freiheit zu gelangen.

Weil er keine Vorräte und kein Geld mehr hatte, entschloss er sich schweren Herzens, nach München zurückzukehren. Vielleicht konnte er ja in der Großstadt untertauchen. Heinrich König, ein überzeugter Nazi, nahm ihn auf und versteckte ihn auf dem Dachboden seines Hauses.

Ein schwerer Luftangriff zwang Schmorell, sein Versteck auf dem Dachboden zu verlassen. In einem öffentlichen Luftschutzbunker wurde er von einer ehemaligen Studienkollegin erkannt. Sie meldete ihn beim Luftschutzwart. Nach heftiger Gegenwehr wurde er überwältigt und an die Gestapo ausgeliefert. An dem Tag, an dem seine ermordeten Freunde beerdigt wurden, war er in den Fängen der Gestapo. Am nächsten Tag wurde auch Prof. Huber verhaftet.

Am 19. April 1943 begann in München der zweite Volksgerichtshof-Prozess gegen den Weiße-Rose-Kreis. Inzwischen hatten die Ermittler eine recht genaue Vorstellung über den Aufbau und die Struktur des Widerstandskreises. Auch Freisler hatte sich mehr Zeit zur Vorbereitung genommen. Im ersten Prozess war es ihm um eine schnelle Abstrafung der angeblichen Haupttäter gegangen. Mit dem im Wortsinn „kurzen Prozess" wollte die NS-Justiz ein Exempel statuieren. Nun aber wollte Freisler „deutsches Recht" sprechen. Er hatte über vierzehn Angeklagte zu richten.

Wie beim ersten Prozess war auch diesmal im Gerichtssaal nur ein handverlesenes Publikum aus Parteifunktionären und Militärs zugelassen. Eine kritische Öffentlichkeit, die den Beschuldigten zustimmen könnte, war nicht erwünscht. Die Angeklagten sollten die geballte Macht von Staat und Partei zu spüren bekommen.

Alexander Schmorell, Willi Graf und Prof. Huber waren die Hauptbeschuldigten.[160] Hans Hirzel, Susanne Hirzel und Franz Müller waren angeklagt, das fünfte Flugblatt in Ulm und Stuttgart verbreitet zu haben. Der Steuerberater Eugen Grimminger hatte sich als Finanzier der Gruppe zu verantworten.

Heinz Bollinger, Helmut Bauer, Heiner Guter, Gisela Schertling, Traute Lafrenz, Karin Schüddekopf und Falk Harnack wurden als Mitwisser angeklagt, die keine Anzeige erstattet hatten.

Alexander Schmorell war der Hauptangeklagte. Für seine Aussage: „Ich bin Sanitäter und tue dabei meine Pflicht. Wie ich nicht auf Deutsche schieße, so schieße ich nicht auf Russen",[161] bekam er Freislers volle Verachtung zu spüren. Er übergoss ihn mit Hohn und Spott und brüllte ihn nieder. Schmorell konnte Freislers Schmähungen nicht länger ertragen und verstummte schließlich. Bevor er ihn ermorden ließ, hatte *Der Hinrichter* (Helmut Ortner, 1993) den tapferen jungen Mann mundtot gemacht.

Willi Graf hatte es etwas leichter. Weil er lange Soldat gewesen war und sich seine Truppe für ihn verwendet hatte, hielt sich Freisler zurück. Graf belastete den toten Hans Scholl schwer und stellte sich als naiven Mitläufer dar, der seinen Fehler jetzt einsah. Diese Taktik nützte Graf am Ende nichts mehr. Das Urteil stand schon vorher fest.

Prof. Huber bekam Freislers ganze Wut zu spüren. Das von ihm entworfene sechste Flugblatt hatte mit

---

160   zit. nach Scholl, S. 199.
161   zit. nach Scholl, S. 199.

seiner Erwähnung des Untergangs der 6. Armee und dem höhnischen Kommentar „Führer, wir danken dir!" den blutrünstigen, widerwärtigen Übereifer des NS-Juristen angestachelt, der im Kampf für „Führer und Reich" gegen deren Feinde und den ihm verhassten Defätismus gnadenlos vorging. Und so konterte er kalt:

„Ich kenne keinen Prof. Huber und auch keinen Dr. Huber! Ich kenne nur den Angeklagten Huber, und dieser verdient es gar nicht, ein Deutscher zu sein, denn er ist ein Lump! [...] Sie machen es sich leicht, Huber. Sie lassen sich hinrichten und für ihre Familie darf dann die NSV [Nationalsozialistische Volkswohlfahrt] aufkommen."[162]

Huber ließ sich nicht einschüchtern. Er ertrug ungerührt Freislers Beleidigungen und hielt ein ergreifendes Schlusswort, das den ganzen Mut dieses Mannes zeigt, der sich als deutscher Patriot nicht zum Hochverräter abstempeln lassen wollte.

Der Oberreichsanwalt forderte die Todesstrafe für Schmorell, Graf, Huber und Grimminger; für Hans Hirzel und Franz Müller forderte er lange Zuchthausstrafen.

Der Stuttgarter Rechtsanwalt Dr. Eble verteidigte in seinen Plädoyers Eugen Grimminger und die Geschwister Hirzel sehr geschickt. Er stellte Grimminger als einen guten, sozial denkenden Chef dar, der die Ideale der nationalsozialistischen Volksgemeinschaft in seinem Betrieb praktiziere. Die Geschwister Hirzel stellte er als Abkömmlinge einer kerndeutschen Familie dar: „Das

---

162 zit. nach Scholl, S. 199.

Erbgut dieser deutschen Familie sollte nicht geschmälert werden."[163] Er hatte damit den für Freislers Ohren richtigen Ton getroffen. Eble konnte immerhin erreichen, dass Grimminger nicht zum Tode verurteilt wurde und Hans Hirzel eine geringere Haftstrafe erhielt.

Nach einer mehr als vierzehnstündigen Verhandlung wurde gegen 23 Uhr abends das Urteil verkündet: Schmorell, Graf und Prof. Huber wurden als Hochverräter zum Tode und zum Verlust sämtlicher Ehrenrechte verurteilt.

Eugen Grimminger, Heinz Bollinger und Helmut Bauer erhielten Zuchthausstrafen von bis zu zehn Jahren. Hans Hirzel, Heinrich Guter und Franz Müller mussten für Jahre ins Gefängnis. Traute Lafrenz, Gisela Schertling und Karin Schüddekopf wurden zu je einem Jahr Gefängnis verurteilt; Susanne Hirzel kam mit einem halben Jahr davon.

Falk Harnack wurde aus Mangel an Beweisen freigesprochen. Wahrscheinlich streckte die Gestapo dahinter. Man ließ ihn laufen, um ihn weiter observieren zu können. Die Gestapobeamten hofften, durch die Beobachtung Harnacks mehr über die Widerstandsgruppen erfahren zu können, mit denen der Chemnitzer in Kontakt stand.

Während ihre Kinder in der Todeszelle saßen, stellten die Eltern von Schmorell und Graf ein Gnadengesuch an Hitler. Der in den Flugblättern beleidigte „Führer" ließ sich nicht erweichen. Am 25. Juni 1943 lehnte er das Gesuch ab. Das Urteil an den „Hochverrätern" konnte nun vollstreckt werden.

Prof. Huber wurden sowohl der Professoren- als auch der Doktortitel aberkannt. An der Universität München

---

163   zit. nach Scholl, S. 199.

hatte sich keine Hand für ihn gerührt, als ihn die Hochschulleitung aus dem Lehrkörper ausstieß. Durch die Entfernung aus dem akademischen Dienst verlor seine Frau sämtliche Pensionsansprüche. Um seine Familie nicht völlig mittellos zurückzulassen, arbeitete Huber in der Todeszelle fieberhaft an einem Buch über den Philosophen Leibniz. In dem Werk hinterließ er vor allem sein staatsphilosophisches Vermächtnis. Wie Leibniz fordert auch Huber, dass sich ein Regent am Gemeinwohl und am Gesetz orientieren muss. Die Herrschaft muss anders als in Hitlers Volksgemeinschaft auf der freien Wahl von freien Individuen beruhen. Huber konnte sein Buch fast fertigstellen. Die fehlenden Teile wurden von einem Kollegen ergänzt, der das Buch dann auch herausgab.

Am 13. Juli 1943 wurden Alexander Schmorell und Prof. Kurt Huber hingerichtet. Willi Graf musste noch bis zum 12. Oktober 1943 auf seine Hinrichtung warten. Die Gestapo hatte ihn so lange am Leben gelassen, weil sie zusätzliche Informationen über den studentischen Widerstand von ihm erfahren wollte. Bis zu seiner Hinrichtung musste er noch viele Verhöre über sich ergehen lassen.

In den folgenden Monaten fanden weitere Prozesse gegen Angehörige des Weiße-Rose-Kreises statt. Am 13. Juli 1943 wurde vor dem Sondergericht 2 beim Landgericht München I eine Gerichtsverhandlung gegen die Randfiguren des Widerstandskreises eröffnet. Angeklagt wurden der Buchhändler Josef Söhngen, der Architekt Eickemeyer, der Kunstmaler Wilhelm Geyer und Harald Dohrn, der Schwiegervater von Christoph Probst. Das Gericht verurteilte nur Josef Söhngen wegen seiner Unterstützung des Scholl-Kreises zu sechs Monaten Haft. Die übrigen Angeklagten wurden mangels Beweisen freigesprochen.

Am 3. April 1944 fand schließlich ein Prozess gegen Willi Bollinger vor dem Landgericht Saarbrücken statt. Er wurde zu drei Monaten Haft verurteilt.

Die Zivilgerichte verurteilten auch im NS-Staat nach den Paragrafen des Bürgerlichen Gesetzbuches. Sie waren meistens nicht Teil der NS-Terrorjustiz.

Auf Anweisung der SS, vielleicht Himmlers selbst, wurde „Sippenhaft" über die Angehörigen der Ermordeten verhängt. Die meisten Festgenommenen wurden nach einigen Wochen wieder entlassen, so z. B. Pfarrer Hirzel, die Eltern von Willi Graf oder Christoph Probsts Schwester Angelika Knoop.

Nur die Familie Scholl wurde stärker belangt, weil Robert Scholl zum zweiten Mal innerhalb eines Jahres mit der NS-Justiz zu tun bekam. Das Ehepaar Scholl und die älteste Schwester Inge wurden für eine längere Zeit inhaftiert und wegen sogenannter „Rundfunkverbrechen" angeklagt.

Ein Gericht verurteilte Robert Scholl zu weiteren anderthalb Jahren Gefängnis, seine Frau und Inge Scholl wurden freigesprochen. Während dieser schweren Zeit stand ihnen Fritz Hartnagel zu Seite, der aus dem Lazarett, in dem er mit Erfrierungen lag, nach München geeilt war, um seiner Verlobten Sophie beizustehen. Er heiratete später Elisabeth Scholl, die jüngste Schwester.

Mit ihrem letzten Flugblatt wollten Huber, Schmorell und Scholl die Studenten aufrütteln. Sie hatten gehofft, dass sich an den Hochschulen Widerstand regen würde. Zumindest die Akademiker sollten den verbrecherischen und verlogenen Charakter des NS-Staates erkennen und sich erheben.

Doch das Gegenteil war der Fall. Die Münchener Studentenschaft organisierte noch am 22. Februar 1943, dem Tag der Ermordung von Christoph Probst und Hans und Sophie Scholl, eine gut besuchte Kundgebung im großen Hörsaal, um die Studenten der Hochschule auf das Regime einzuschwören.

Ein hochdekorierter verwundeter Student sprach von der Pflicht gegenüber dem Vaterland. Der Studentenführer hatte eine besondere Ehrung für den Pedell Josef Schmid vorbereitet, der als „guter Nationalsozialist" gefeiert wurde und unter dem Jubel von 3000 bis 4000 anwesenden Studenten den Arm zum Hitlergruß hob. Die Studenten distanzierten sich lautstark von den hingerichteten „Hochverrätern". Die Ermordeten sollten in der deutschen Studentenschaft keinen Platz mehr haben. Auch an anderen deutschen Universitäten wurden die Ermordeten geschmäht und Hitler erneut die Treue geschworen.

Die NS-Propaganda und die gnadenlose Terrorjustiz trugen zunächst einen Sieg davon. Im Frühjahr 1943 sah es so aus, als sei die Weiße Rose zertreten worden.

„Und ihr Geist lebt trotzdem weiter"

Am 13. Januar 1943 stenografierte der Chemiestudent Hans Konrad Leipelt die Schandrede des Münchener Gauleiters Giesler mit.

Er begann nach dem 22. Februar 1943 diese Mitschrift zusammen mit dem letzten Flugblatt der Weißen Rose unter den Münchener Studenten zu verbreiten. Er wurde dabei von seiner Freundin Marie-Luise Jahn unterstützt. Die Flugschrift von Leipelt und Jahn trug den Zusatz: „Und ihr Geist lebt trotzdem weiter."

Hans Konrad Leipelt kannte die Mitglieder des Weiße-Rose-Kreises wahrscheinlich nicht persönlich, da er am Chemischen Institut der Universität studierte. Er wollte aber in ihrem Geist weiterarbeiten und an seinem Institut einen Widerstandskreis gründen, um beispielsweise Sabotageakte zu planen. Auf seine Anregung sammelten Mitglieder des Chemischen Instituts Geld für die mittellose und völlig verarmte Witwe von Prof. Huber.

Leipelt hatte allen Grund, dem NS-Regime distanziert gegenüber zu stehen. Der aus Hamburg stammende junge Mann war ein sogenannter „Halbjude", denn er hatte eine jüdische Mutter. Seine Mutter war zwar durch eine „privilegierte Mischehe" geschützt, seine Großmutter wurde aber im Juli 1942 mit den anderen Hamburger Juden nach Theresienstadt deportiert.

Leipelt wurde, obwohl er ein „jüdischer Mischling" war, zur Wehrmacht eingezogen. Im Frankreich-Feldzug zeichnete er sich aus. Seine ganze Tapferkeit war allerdings umsonst. Nach dem siegreichen Westfeldzug befahl Hitler, alle „jüdischen Mischlinge" aus der Wehrmacht zu entlassen.

Diese Personen waren an den deutschen Universitäten zunehmenden Schikanen ausgesetzt. Nur der Leiter des Chemischen Instituts der Münchener Universität, der spätere Nobelpreisträger Prof Heinrich Wieland, ignorierte die Rassengesetze. Er nahm auch „Mischlinge ersten Grades" auf. Hans Konrad Leipelt kam im Wintersemester 1941/42 nach München. Das tolerante Institut sollte erst im Jahre 1944 von den NS-Behörden geschlossen werden. Die „Mischlinge ersten Grades" sperrte man ins Arbeitslager.

An Prof. Wielands Institut herrschte ein liberaler Geist. Es gab dort nur wenige überzeugte Nationalsozialisten. Verbotene Bücher, regimefeindliche Witze und Informationen, die von „Feindsendern" stammten, kursierten unter den Studenten.

Es gab dennoch einen Informanten, der die Geldsammlung für Clara Huber an die Gestapo verriet. Im Oktober 1943 wurden Hans Leipelt und Maria-Luise Jahn mit einigen anderen Mitstreitern verhaftet. Die Anklage warf Leipelt vor, das sechste Flugblatt der Weißen Rose neben verbotener Literatur von Thomas Mann und Berthold Brecht nach Hamburg zu seinem Schulfreund Heinz

Kucharski gebracht zu haben. Kucharski hatte dann für die Weiterverbreitung des verbotenen Schriftguts unter oppositionellen Akademikerkreisen gesorgt.

Im Oktober 1944 fand vor dem II. Senat des Volksgerichtshofs in Donauwörth der Prozess gegen die Mitglieder des Leipelt-Kreises statt. Die „jüdischen Mischlinge" Ernst Holzer und Mirjam David wurden in ein KZ geschickt, mehrjährige Zuchthausstrafen erhielten vier weitere Freunde Leipelts, darunter Marie-Luise Jahn.

Hans Leipelt verurteilte der Volksgerichtshof zum Tod. Das Urteil wurde am 29. Januar 1945 in München-Stadelheim vollstreckt, knapp zwei Jahre, nachdem Christoph Probst und Hans und Sophie Scholl an der gleichen Stelle ermordet worden waren.

Hans Leipelts Tod war der letzte im Zusammenhang mit der Weißen Rose. Sein Freund Heinz Kucharski wurde zwar noch am 17. April 1945 zum Tode verurteilt, konnte aber während eines Tieffliegerangriffs fliehen. Drei Wochen später, am 8. Mai 1945 kapitulierte die deutsche Wehrmacht. Hitlers Reich war endlich untergegangen.

Leipelts Widerstandskreis war nicht der einzige, der das letzte Flugblatt der Weißen Rose weiterverbreitete. Die sogenannte Onkel-Emil-Gruppe reichte die Flugschrift ab dem März 1943 an Berliner Studenten und Jungakademiker weiter. Dieser Ring war so gut organisiert, dass ihn selbst die Gestapo nicht aufbrechen konnte.

Im Spätsommer 1944 tauchten weitere Flugblätter, die mit „Freie Studentenschaft München" überschrieben waren, an der Ludwig-Maximilians-Universität auf. Die Gestapo vermutete, dass es sich hierbei um Mitglieder von Studentenkompanien handelte.

Ihre größte Verbreitung erhielten die Flugblätter aber nicht durch heimliche Abschriften, die unter größter Gefahr von Hand zu Hand weitergereicht wurden.

Im März 1943 brachte der Widerstandskämpfer Helmuth von Moltke das sechste Flugblatt in das neutrale Schweden. Über einen schwedischen Bischof gelangte der Text nach England. Er erregte dort gleich großes Aufsehen.

Die Alliierten waren erstaunt über den Mut zur Wahrheit, der aus den Zeilen sprach. Durch den Text hatte man den Beweis, dass es in Hitlerdeutschland noch immer unabhängige Geister gab, die sich gegen die Propagandalügen aus dem Ministerium Joseph Goebbels' zur Wehr setzten. Die Alliierten wollten diese authentische deutsche Stimme nutzen, um das deutsche Volk über seine Lage aufzuklären.

Bomber der Royal Air Force warfen im Juli 1943 viele hunderttausende Exemplare des sechsten Flugblattes der Weißen Rose über Deutschland ab. Sie sollten der deutschen Bevölkerung zeigen, dass es ein anderes Deutschland gab.

Die Kunde vom Schicksal der Münchener Studenten verbreitete sich bei den Alliierten schnell. Am 18. April 1943 erschien in der New York Times ein Artikel, der die Ereignisse in Hitlers „Hauptstadt der Bewegung" differenziert schilderte.

In seinem Exil im fernen Kalifornien erfuhr der Nobelpreisträger Thomas Mann von der Weißen Rose. In einer im Mai 1943 ausgestrahlten BBC-Sendung an die „Deutschen Hörer" nannte er sie „Brave, herrliche Leute!

Ihr sollt nicht umsonst gestorben, sollt nicht vergessen sein."[164]

Die Weiße Rose wurde weltbekannt. Sie wurde zum Symbol für den akademischen Widerstand im Dritten Reich. Bereits 1947 erschien mit Alfred Neumanns „Es waren ihrer sechs" der erste Roman über das Leben und Sterben der jungen Leute um Hans Scholl. Seitdem sind unzählige Artikel und Bücher erschienen und mehrere Filme über dieses Thema gedreht worden. Alexander Schmorell wurde im Februar 2012 von der russisch-orthodoxen Kirche in München heiliggesprochen, Sophie Scholl ist neben Käthe Kollwitz die am häufigsten abgebildete Frau auf deutschen Briefmarken.

Jede Zeit hat ein anderes Bild von der Weißen Rose. In ihrem Gedächtnisbuch, das erstmals 1952 erschienen ist, stellte Inge Scholl ihre ermordeten Geschwister als christliche Märtyrer dar. Das waren sie sicher nicht nur. Sie waren Menschen wie wir alle, mit Fehlern, Ängsten und Schwächen. Von einigen hat auch dieses Buch erzählt.

Doch was bleibt, ist das eindrucksvolle Beispiel mutiger Männer und Frauen, die sich gegen das Unrecht und die Verbrechen der nationalsozialistischen Diktatur in Deutschland engagierten, die Ungeheuerlichkeiten unter Einsatz ihres Lebens beim Namen nannten und sie so ins öffentliche Bewusstsein brachten. Schon die antiken „Demokratien" entstanden als Reaktion auf zu große Machtfülle und Machtmissbrauch der Herrscher. Und nur solange der Mut zum Widerstand des Einzelnen gegen menschenverachtende, totalitäre Systeme ungebrochen ist, bleibt der demokratische Geist jeder Nation lebendig.

---

164 zit. nach Scholl, S. 199.

Literatur

Aicher-Scholl, Inge (Hrsg.)
   Sippenhaft. Nachrichten und Botschaften der Familie
   in der Gestapo-Haft nach der Hinrichtung von Hans
   und Sophie Scholl. Frankfurt am Main 1993
Aleff, Eberhard (Hrsg.)
   Das Dritte Reich. Mit Beiträgen von Walter Tormin.
   Eberhard Aleff [und] Friedrich Zipfel. Edition
   Zeitgeschehen. Fackelträgerverlag, Hannover 1973.
Aly, Götz
   Hitlers Volksstaat. Raub, Rassenkrieg und nationaler
   Sozialismus. Frankfurt am Main 2006
Bald, Detlef
   Die „Weiße Rose". Von der Front in den Widerstand.
   Berlin 2004
Bassler, Sibylle
   Die Weiße Rose. Zeitzeugen erinnern sich. Reinbek
   bei Hamburg 2006
Benz, Wolfgang
   Geschichte des Dritten Reiches. München 2000
Benz, Wolfgang/Pehle, Walter H. (Hrsg.)
   Lexikon des deutschen Widerstandes. Frankfurt am
   Main 2004

Büttner, Ursula
   Weimar: Die überforderte Republik 1918–1933.
   Stuttgart 2008
Dams, Carsten/Stolle, Michael
   Die Gestapo. Herrschaft und Terror im Dritten
   Reich. München 2008
Dumbach, A. E./Newborm J.
   Die Geschichte der Weißen Rose. Freiburg im
   Breisgau 1994
Fest, Joachim
   Hitler. Frankfurt am Main – Berlin 1987
Graf, Willi
   Briefe und Aufzeichnungen. Hrsg. v. Anneliese
   Knoop-Graf u. Inge Jens. Frankfurt am Main 1988
Gross, Raphael
   Anständig geblieben. Nationalsozialistische Moral.
   Frankfurt am Main 2010
Hamm-Brücher, Hildegard
   Zerreißt den Mantel der Gleichgültigkeit. Die
   „Weiße Rose" und unsere Zeit. Berlin 1997
Hirzel, Susanne
   Vom Ja zum Nein. Eine schwäbische Jugend 1933 bis
   1945. Tübingen 2000
Huber, Clara (Hrsg.)
   … der Tod war nicht vergebens. Kurt Huber zum
   Gedächtnis. München 1986
Ingrao, Christian
   Hitlers Elite. Die Wegbereiter des nationalsozialisti-
   schen Massenmords. Berlin 2010
Kershaw, Ian
   Der NS-Staat. Hamburg ⁴2009

Lill, Rudolf (Hrsg.)
    Hochverrat? Neue Forschungen zur „Weißen Rose".
    Konstanz 1999
Scholl, Hans u. Scholl, Sophie
    Briefe und Aufzeichnungen. Hrsg. v. Inge Jens,
    Frankfurt am Main 1988
Scholl, Inge
    Die Weiße Rose. Erweiterte Neuausgabe. Frankfurt
    am Main ⁹2000
Scholl, Sophie u. Hartnagel, Fritz
    Damit wir uns nicht verlieren. Briefwechsel
    1937–1943. Hrsg. v. Thomas Hartnagel. Frankfurt
    am Main 2005
Steffahn, Harald
    Die Weiße Rose. Reinbek bei Hamburg 1993
Strohm, Christoph
    Die Kirchen in Dritten Reich. München 2011
Schneider, Michael C./Süß Winfried
    Keine Volksgenossen. Der Widerstand der Weißen
    Rose. München 1993
Süß Dietmar, Süß Winfried
    Das Dritte Reich. Eine Einführung. München 2008
Tyrell, Abrecht
    Führer befiehl … Selbstzeugnisse aus der „Kampf-
    zeit" der NSDAP. Düsseldorf 1969
    Die Weiße Rose und das Erbe des deutschen
    Widerstandes. München 1993
Zankel, Sönke
    Die Weiße Rose war nur der Anfang. Geschichte
    eines Widerstandskreises. Köln 2006

Flugblätter der Weißen Rose

I

Nichts ist eines Kulturvolkes unwürdiger, als sich ohne Wider-
stand von einer verantwortungslosen und dunklen Trieben
ergebenen Herrscherclique „regieren" zu lassen. Ist es nicht
so, dass sich jeder ehrliche Deutsche heute seiner Regierung
schämt, und wer von uns ahnt das Ausmaß der Schmach,
die über uns und unsere Kinder kommen wird, wenn einst
der Schleier von unseren Augen gefallen ist und die grauen-
vollsten und jegliches Maß unendlich überschreitenden Ver-
brechen ans Tageslicht treten? Wenn das deutsche Volk schon
so in seinem tiefsten Wesen korrumpiert und zerfallen ist,
dass es, ohne eine Hand zu regen, im leitsinnigen Vertrauen
auf eine fragwürdige Gesetzmäßigkeit der Geschichte das
Höchste, das ein Mensch besitzt und das ihn über jede andere
Kreatur erhöht, nämlich den freien Willen, preisgibt, die
Freiheit des Menschen preisgibt, selbst mit einzugreifen in das
Rad der Geschichte und es seiner vernünftigen Entscheidung

*unterzuordnen – wenn die Deutschen, so jeder Individualität
bar, schon so sehr zur geistlosen und feigen Masse geworden
sind, dann, ja dann verdienen sie den Untergang. Goethe
spricht von den Deutschen als einem tragischen Volke, gleich
dem der Juden und Griechen, aber heute hat es eher den
Anschein, als sei es eine seichte, willenlose Herde von Mit-
läufern, denen das Mark aus den Innersten gesogen und die
nun ihres Kerns beraubt, bereit sind, sich in den Untergang
hetzen zu lassen. Es scheint so – aber es ist nicht so; vielmehr
hat man in langsamer, trügerischer, systematischer Vergewaltigung jeden einzelnen in ein geistiges Gefängnis gesteckt, und
erst als er darin gefesselt lag, wurde er sich des Verhängnisses
bewusst. Wenige nur erkannten das drohende Verderben, und
der Lohn für ihr heroisches Mahnen war der Tod. Über das
Schicksal dieser Menschen wird noch zu reden sein. Wenn
jeder wartet, bis der andere anfängt, werden die Boten der
rächenden Nemesis unaufhaltsam näher und näher rücken,
dann wird auch das letzte Opfer sinnlos in den Rachen des
unersättlichen Dämons geworfen sein. Daher muss jeder
einzelne seiner Verantwortung als Mitglied der christlichen
und abendländischen Kultur bewusst in dieser letzten Stunde
sich wehren, soviel er kann, arbeiten wider die Geißel der
Menschheit, wider den Faschismus und jedes ihm ähnliche
System des absoluten Staates. Leistet passiven Widerstand
– Widerstand –, wo immer Ihr auch seid, verhindert das
Weiterlaufen dieser atheistischen Kriegsmaschine, ehe es
zu spät ist, ehe die letzten Städte ein Trümmerhaufen sind,
gleich Köln, und ehe die letzte Jugend des Volkes irgendwo für
die Hybris eines Untermenschen verblutet ist. Vergesst nicht,
dass ein jedes Volk die Regierung verdient, die es erträgt!*

*Aus Friedrich Schiller, „Die Gesetzgebung des Lykurgus
und Solon: „... Gegen seinen eigenen Zweck gehalten, ist*

die Gesetzgebung des Lykurgus ein Meisterstück der Staats-
und Menschenkunde. Er wollte einen mächtigen, in sich
selbst gegründeten, unzerstörbaren Staat; politische Stärke
und Dauerhaftigkeit waren das Ziel, wonach er strebte, und
dieses Ziel hat er soweit erreicht, als unter seinen Umständen
möglich war. Aber hält man den Zweck, welchen Lykurgus
sich vorsetzte, gegen den Zweck der Menschheit, so muss eine
tiefe Missbilligung an die Stelle der Bewunderung treten, die
uns der erste flüchtige Blick abgewonnen hat. Alles darf dem
Besten des Staates zum Opfer gebracht werden, nur dasjenige
nicht, dem der Staat selbst nur als ein Mittel dient. Der Staat
selbst ist niemals Zweck, er ist nur wichtig als eine Bedingung,
unter welcher der Zweck der Menschheit erfüllt werden kann,
und dieser Zweck der Menschheit ist kein anderer, als Ausbildung aller Kräfte des Menschen, Fortschreitung. Hindert eine
Staatsverfassung, dass alle Kräfte, die im Menschen liegen,
sich entwickeln; hindert sie die Fortschreitung des Geistes,
so ist sie verwerflich und schädlich, sie mag übrigens noch so
durchdacht und in ihrer Art noch so vollkommen sein. Ihre
Dauerhaftigkeit selbst gereicht ihr alsdann viel mehr zum
Vorwurf als zum Ruhme – sie ist dann nur ein verlängertes
Übel; je länger sie Bestand hat, umso schädlicher ist sie.

... Auf Unkosten aller sittlichen Gefühle wurde das politische Verdienst errungen und die Fähigkeit dazu ausgebildet.
In Sparta gab es keine eheliche Liebe, keine Mutterliebe, keine
kindliche Liebe, keine Freundschaft – es gab nichts als Bürger,
nichts als bürgerliche Tugend.

... Ein Staatsgesetz machte den Spartanern die Unmensch-
lichkeit gegen ihre Sklaven zur Pflicht; in diesen unglücklichen Schlachtopfern wurde die Menschheit beschimpft und
misshandelt. In dem spartanischen Gesetzbuche selbst wurde
der gefährliche Grundsatz gepredigt, Menschen als Mittel

und nicht als Zwecke zu betrachten – dadurch wurden die Grundfesten des Naturrechts und der Sittlichkeit gesetzmäßig eingerissen.

... Welch schöneres Schauspiel gibt der raue Krieger Caius Marcius in seinem Lager vor Rom, der Rache und Sieg aufopfert, weil er die Tränen der Mutter nicht fließen sehen kann!

... Der Staat (des Lykurgus) könnte nur unter der einzigen Bedingung fortdauern, wenn der Geist des Volkes stillstünde; er könnte sich also nur dadurch erhalten, dass er den höchsten und einzigen Zweck eines Staates verfehlte."

Aus Goethes „Des Epimenides Erwachen", zweiter Aufzug, vierter Auftritt:

Genien:
Doch was dem Abgrund kühn entstiegen,
Kann durch ein ehernes Geschick
Den halben Weltkreis übersiegen
Zum Abgrund muss es doch zurück.
Schon droht ein ungeheures Bangen,
Vergebens wird er widerstehn!
Und alle, die noch an ihm hangen,
Sie müssen mit zu Grunde gehen.

Hoffnung:
Nun begegn' ich meinen Braven,
Die sich in der Nacht versammelt,
Um zu schweigen, nicht zu schlafen,
Und das schöne Wort der Freiheit
Wird gelispelt und gestammelt,

Bis in ungewohnter Neuheit
Wir an unsrer Tempel Stufen
Wieder neu entzückt es rufen:

Freiheit! Freiheit!

Wir bitten Sie, dieses Blatt mit möglichst vielen Durchschlägen abzuschreiben und weiterzuverteilen!

II

Man kann sich mit dem Nationalsozialismus geistig nicht auseinandersetzen, weil er ungeistig ist. Es ist falsch, wenn man von einer nationalsozialistischen Weltanschauung spricht, denn wenn es diese gäbe, müsste man versuchen, sie mit geistigen Mitteln zu beweisen oder zu bekämpfen – die Wirklichkeit aber bietet uns ein völlig anderes Bild: schon in ihrem ersten Keim war diese Bewegung auf den Betrug des Mitmenschen angewiesen, schon damals war sie im Innersten verfault und konnte sich nur durch die stete Lüge retten. Schreibt doch Hitler selbst in einer frühen Auflage „seines" Buches (ein Buch, das in dem übelsten Deutsch geschrieben worden ist, das ich je gelesen habe; dennoch ist es von dem Volke der Dichter und Denker zur Bibel erhoben worden): „Man glaubt nicht, wie man ein Volk betrügen muss, um es zu regieren." Wenn sich nun am Anfang dieses Krebsgeschwür des deutschen Volkes noch nicht allzu sehr bemerkbar gemacht hatte, so nur deshalb, weil noch gute Kräfte genug am Werk waren, es zurückzuhalten. Wie es aber größer und größer wurde und schließlich mittels einer letzten gemeinen Korruption zur Macht kam, das Geschwür gleichsam aufbrach und den ganzen Körper besudelte, versteckte sich die Mehrzahl der früheren Gegner, flüchtete die deutsche Intelligenz in ein Kellerloch, um dort als Nachtschattengewächs, dem Licht und der Sonne verborgen, allmählich zu ersticken. Jetzt stehen wir vor dem Ende. Jetzt kommt es darauf an, sich gegenseitig wiederzufinden, aufzuklären von Mensch zu Mensch, immer daran zu denken und sich keine Ruhe zu geben, bis auch der Letzte von der äußersten Notwendigkeit seines Kämpfens wider dieses System überzeugt ist. Wenn so eine Welle des Aufruhrs durch das Land geht, wenn „es in der Luft liegt", wenn viele mitmachen, dann kann in einer letzten, gewaltigen Anstrengung dieses System abgeschüttelt werden. Ein Ende mit Schrecken ist immer noch besser als ein Schrecken ohne Ende.

Es ist uns nicht gegeben, ein endgültiges Urteil über den Sinn unserer Geschichte zu fällen. Aber wenn diese Katastrophe uns zum Heile dienen soll, so doch nur dadurch: durch das Leid gereinigt zu werden, aus der tiefsten Nacht heraus das Licht zu ersehnen, sich aufzuraffen und endlich mitzuhelfen, das Joch abzuschütteln, das die Welt bedrückt.

Nicht über die Judenfrage wollen wir in diesem Blatte schreiben, keine Verteidigungsrede verfassen – nein, nur als Beispiel wollen wir die Tatsache kurz anführen, die Tatsache, dass seit der Eroberung Polens dreihunderttausend Juden in diesem Land auf bestialischste Art ermordet worden sind. Hier sehen wir das fürchterlichste Verbrechen an der Würde des Menschen, ein Verbrechen, dem sich kein ähnliches in der ganzen Menschengeschichte an die Seite stellen kann. Auch die Juden sind doch Menschen – man mag sich zur Judenfrage stellen wie man will –, und an Menschen wurde solches verübt. Vielleicht sagt jemand, die Juden hätten ein solches Schicksal verdient; diese Behauptung wäre eine ungeheure Anmaßung; aber angenommen, es sagte jemand dies, wie stellt er sich dann zu der Tatsache, dass die gesamte polnische adlige Jugend vernichtet worden ist (gebe Gott, dass sie es noch nicht ist!)? Auf welche Art, fragen Sie, ist solches geschehen? Alle männlichen Sprösslinge aus adligen Geschlechtern zwischen 15 und 20 Jahren wurden in Konzentrationslager in Deutschland zur Zwangsarbeit, alle

Mädchen gleichen Alters nach Norwegen in die Bordelle der SS verschleppt! Wozu wir dies Ihnen alles erzählen, da Sie es schon selber wissen, wenn nicht diese, so andere gleich schwere Verbrechen des fürchterlichen Untermenschentums? Weil hier eine Frage berührt wird, die uns alle zutiefst angeht und allen zu denken geben muss. Warum verhält sich das deutsche Volk angesichts all dieser scheußlichsten menschenunwürdigsten Verbrechen so apathisch? Kaum irgendjemand macht sich Gedanken darüber. Die Tatsache wird als solche hingenommen und ad acta gelegt. Und wieder schläft das deutsche Volk in seinem stumpfen, blöden Schlaf weiter und gibt diesen faschistischen Verbrechern Mut und Gelegenheit, weiter zu wüten – und diese tun es. Sollte dies ein Zeichen dafür sein, dass die Deutschen in ihren primitivsten menschlichen Gefühlen verroht sind, dass keine Saite in ihnen schrill aufschreit im Angesicht solcher Taten, dass sie in einem tödlichen Schlaf versunken sind, aus dem es kein Erwachen mehr gibt, nie, niemals? Es scheint so und es ist bestimmt, wenn der Deutsche nicht endlich aus dieser Dumpfheit auffährt, wenn er nicht protestiert, wo immer er nur kann, gegen diese Verbrecherclique, wenn er mit diesen Hunderttausenden von Opfern nicht mitleidet. Und nicht nur Mitleid muss er empfinden, nein, noch viel mehr: Mitschuld. Denn er gibt durch sein apathisches Verhalten diesen dunklen Menschen erst die Möglichkeit, so zu handeln, er leidet diese „Regierung", die eine so unendliche Schuld auf sich geladen hat, ja, er ist doch selbst schuld daran, dass sie überhaupt entstehen konnte! Ein jeder will sich von einer solchen Mitschuld freisprechen, ein jeder tut es und schläft dann wieder mit ruhigstem, bestem Gewissen. Aber er kann sich nicht freisprechen, ein jeder ist schuldig, schuldig, schuldig! Doch ist es noch nicht zu spät, diese abscheulichste aller

Missgeburten von Regierungen aus der Welt zu schaffen, um nicht noch mehr Schuld auf sich zu laden. Jetzt, da uns in den letzten Jahren die Augen vollkommen geöffnet worden sind, da wir wissen, mit wem wir es zu tun haben, jetzt ist es allerhöchste Zeit, diese braune Horde auszurotten. Bis zum Ausbruch des Krieges war der größte Teil des deutschen Volkes geblendet, die Nationalsozialisten zeigten sich nicht in ihrer wahren Gestalt, doch jetzt, da man sie erkannt hat, muss es die einzige und höchste Pflicht, ja heiligste Pflicht jedes Deutschen sein, diese Bestien zu vertilgen.

„Der, des Verwaltung unauffällig ist, des Volk ist froh. Der, des Verwaltung aufdringlich ist, des Volk ist gebrochen.

Elend, ach, ist es, worauf Glück sich aufbaut. Glück, ach, verschleiert nur Elend. Wo soll das hinaus? Das Ende ist nicht abzusehen. Das Geordnete verkehrt sich in Unordnung, das Gute verkehrt sich in Schlechtes. Das Volk gerät in Verwirrung. Ist es nicht so, täglich, seit langem?

Daher ist der Hohe Mensch rechteckig, aber er stößt nicht an, er ist kantig, aber verletzt nicht, er ist aufrecht, aber nicht schroff. Er ist klar, aber will nicht glänzen.“

Lao-tse

„Wer unternimmt, das Reich zu beherrschen und es nach seiner Willkür zu gestalten; ich sehe ihn sein Ziel nicht erreichen; das ist alles.“

„Das Reich ist ein lebendiger Organismus; es kann nicht gemacht werden, wahrlich! Wer daran machen will, verdirbt es, wer sich seiner bemächtigen will, verliert es.“

Daher: „Von den Wesen gehen manche vorauf, andere folgen ihnen, manche atmen warm, manche kalt, manche sind stark, manche schwach, manche erlangen Fülle, andere unterliegen."

„Der Hohe Mensch daher lässt ab von Übertriebenheit, lässt ab von Überhebung, lässt ab von Übergriffen."

Lao-tse

Wir bitten, diese Schrift mit möglichst vielen Durchschlägen abzuschreiben und weiterzuverteilen.

III

„Salus publica suprema lex"

Alle idealen Staatsformen sind Utopien. Ein Staat kann nicht rein theoretisch konstruiert werden, sondern er muss ebenso wachsen, reifen wie der einzelne Mensch. Aber es ist nicht zu vergessen, dass am Anfang einer jeden Kultur die Vorform des Staates vorhanden war. Die Familie ist so alt wie die Menschen selbst, und aus diesem anfänglichen Zusammensein hat sich der vernunftbegabte Mensch einen Staat geschaffen, dessen Grund die Gerechtigkeit und dessen höchstes Gesetz das Wohl Aller sein soll. Der Staat soll eine Analogie der göttlichen Ordnung darstellen, und die höchste aller Utopien, die civitas Dei, ist das Vorbild, dem er sich letzten Endes nähern soll. Wir wollen hier nicht urteilen über die verschiedenen möglichen Staatsformen, die Demokratie, die konstitutionelle Monarchie, das Königtum usw. Nur eines will eindeutig und klar herausgehoben werden: jeder einzelne Mensch hat einen Anspruch auf einen brauchbaren und gerechten Staat, der die Freiheit des einzelnen als auch das Wohl der Gesamtheit sichert. Denn der Mensch soll nach Gottes Willen frei und unabhängig im Zusammenleben und Zusammenwirken der staatlichen Gemeinschaft sein natürliches Ziel, sein irdisches Glück in Selbständigkeit und Selbsttätigkeit zu erreichen suchen.

Unser heutiger „Staat" aber ist die Diktatur des Bösen. „ Das wissen wir schon lange", höre ich Dich einwenden, „und wir haben es nicht nötig, dass uns dies hier noch einmal vorgehalten wird." Aber, frage ich Dich, wenn Ihr das alles wisst, warum regt Ihr Euch nicht, warum duldet Ihr, dass diese

Gewalthaber Schritt für Schritt offen und im verborgenen eine Domäne Eures Rechtes nach der anderen rauben, bis eines Tages nichts, aber auch gar nichts übrigbleiben wird als ein mechanisiertes Staatsgetriebe, kommandiert von Verbrechern und Säufern? Ist Euer Geist schon so sehr der Vergewaltigung unterlegen, dass Ihr vergesst, dass es nicht nur Euer Recht, sondern Eure sittliche Pflicht ist, dieses System zu beseitigen? Wenn aber ein Mensch nicht mehr die Kraft aufbringt, sein Recht zu fordern, dann muss er mit absoluter Notwendigkeit untergehen. Wir würden es verdienen, in alle Welt verstreut zu werden wie der Staub vor dem Winde, wenn wir uns in dieser zwölften Stunde nicht aufrafften und endlich den Mut aufbrächten, der uns seither gefehlt hat. Verbergt nicht Eure Feigheit unter dem Mantel der Klugheit. Denn mit jedem Tag, da Ihr noch zögert, da Ihr dieser Ausgeburt der Hölle nicht widersteht, wächst Eure Schuld gleich einer parabolischen Kurve höher und immer höher.

Viele, vielleicht die meisten Leser dieser Blätter sind sich darüber nicht klar, wie sie einen Widerstand ausüben sollen. Sie sehen keine Möglichkeiten. Wir wollen versuchen, Ihnen zu zeigen, dass ein jeder in der Lage ist, etwas beizutragen zum Sturz dieses Systems. Nicht durch individualistische Gegnerschaft, in der Art verbitterter Einsiedler, wird es möglich werden, den Boden für einen Sturz dieser „Regierung" reif zu machen oder gar den Umsturz möglichst bald herbeizuführen, sondern nur durch die Zusammenarbeit vieler überzeugter, tatkräftiger Menschen, Menschen, die sich einig sind, mit welchen Mitteln sie ihr Ziel erreichen können. Wir haben keine reiche Auswahl an solchen Mitteln, nur eines steht uns zur Verfügung – der passive Widerstand.

Der Sinn und das Ziel des passiven Widerstandes ist, den Nationalsozialismus zu Fall zu bringen, und in diesem

Kampf ist vor keinem Weg, vor keiner Tat zurückzuschrecken, mögen sie auf Gebieten liegen, auf welchen sie auch wollen. An allen Stellen muss der Nationalsozialismus angegriffen werden, an denen er nur angreifbar ist. Ein Ende muss diesem Unstaat möglichst bald bereitet werden – ein Sieg des faschistischen Deutschlands in diesem Kriege hätte unabsehbare, fürchterliche Folgen. Nicht der militärische Sieg über den Bolschewismus darf die erste Sorge für jeden Deutschen sein, sondern die Niederlage der Nationalsozialisten. Dies muss unbedingt an erster Stelle stehen. Die größere Notwendigkeit dieser letzten Forderung werden wir Ihnen in einem unserer nächsten Blätter beweisen.

Und jetzt muss sich ein jeder entschiedene Gegner des Nationalsozialismus die Frage vorlegen: Wie kann er gegen den gegenwärtigen „Staat" am wirksamsten ankämpfen, wie ihm die empfindlichsten Schläge beibringen? Durch den passiven Widerstand – zweifellos. Es ist klar, dass wir unmöglich für jeden einzelnen Richtlinien für sein Verhalten geben können, nur allgemein andeuten können wir, den Weg zur Verwirklichung muss jeder selber finden.

Sabotage in Rüstungs- und kriegswichtigen Betrieben, Sabotage in allen Versammlungen, Kundgebungen, Festlichkeiten, Organisationen, die durch die nationalsozialistische Partei ins Leben gerufen werden. Verhinderung des reibungslosen Ablaufs der Kriegsmaschine (einer Maschine, die nur für den Krieg arbeitet, der allein um die Rettung und Erhaltung der nat.soz. Partei und ihrer Diktatur geht). Sabotage auf allen wissenschaftlichen und geistigen Gebieten, die für eine Fortführung des gegenwärtigen Krieges tätig sind – sei es in Universitäten, Hochschulen, Laboratorien, Forschungsanstalten, technischen Büros. Sabotage in allen Veranstaltungen kultureller Art, die das „Ansehen" der Faschisten im Volke heben könnten. Sabotage *in allen Zweigen der bildenden Künste, die nur im geringsten im Zusammenhang mit dem Nationalsozialismus stehen und ihm dienen.* Sabotage *in allem Schrifttum, allen Zeitungen, die im Solde der „Regierung" stehen, für ihre Ideen, für die Verbreitung der braunen Lüge kämpfen. Opfert nicht einen Pfennig bei Straßensammlungen (auch wenn sie unter dem Deckmantel wohltätiger Zwecke durchgeführt werden). Denn dies ist nur eine Tarnung. In Wirklichkeit kommt das Ergebnis weder dem Roten Kreuz noch den Notleidenden zugute. Die Regierung braucht dies Geld nicht, ist auf diese Sammlungen finanziell nicht angewiesen – die Druckmaschinen laufen ja ununterbrochen und stellen jede beliebige Menge Papiergeld her. Das Volk muss aber dauernd in Spannung gehalten werden, nie darf der Druck der Kandare nachlassen. Gebt nichts für die Metall-, Spinnstoff- und andere Sammlungen. Sucht alle Bekannten auch aus den unteren Volksschichten von der Sinnlosigkeit einer Fortführung, von der Aussichtslosigkeit dieses Krieges, von der geistigen und wirtschaftlichen Versklavung durch den Nationalsozialismus, von der Zerstörung aller sittlichen und religiösen Werte zu überzeugen und zum passiven Widerstand zu veranlassen!*

Aristoteles, „Über die Politik": „ … ferner gehört es" (zum Wesen der Tyrannis), „dahin zu streben, dass ja nichts verborgen bleibe, was irgendein Untertan spricht oder tut, sondern überall Späher ihn belauschen, … ferner alle Welt miteinander zu verhetzen und Freunde mit Freunden zu verfeinden und das Volk mit den Vornehmen und die Reichen unter sich. Sodann gehört es zu solchen tyrannischen Maßregeln, die Untertanen arm zu machen, damit die Leibwache besoldet werden kann, und sie, mit der Sorge um ihren

täglichen Erwerb beschäftigt, keine Zeit und Muße haben,
Verschwörungen anzustiften ... Ferner aber auch solch hohe
Einkommensteuern, wie die in Syrakus auferlegten, denn
unter Dionysios hatten die Bürger dieses Staates in fünf
Jahren glücklich ihr ganzes Vermögen in Steuern ausgegeben.
Und auch beständig Kriege zu erregen, ist der Tyrann geneigt
..."

Bitte vervielfältigen und weitergeben!!!

IV

Es ist eine alte Weisheit, die man Kindern immer wieder aufs neue predigt, dass, wer nicht hören will, fühlen muss. Ein kluges Kind wird sich aber die Finger nur einmal am heißen Ofen verbrennen. In den vergangenen Wochen hatte Hitler sowohl in Afrika, als auch in Russland Erfolge zu verzeichnen. Die Folge davon war, dass der Optimismus auf der einen, die Bestürzung und der Pessimismus auf der anderen Seite des Volkes mit einer der deutschen Trägheit unvergleichlichen Schnelligkeit anstieg. Allenthalben hörte man unter den Gegnern Hitlers, also unter dem besseren Teil des Volkes, Klagerufe, Worte der Enttäuschung und der Entmutigung, die nicht selten in dem Ausruf endigten: „Sollte nun Hitler doch ...?"

Indessen ist der deutsche Angriff auf Ägypten zum Stillstand gekommen, Rommel muss in einer gefährlich exponierten Lage verharren – aber noch geht der Vormarsch im Osten weiter. Dieser scheinbare Erfolg ist unter den grauenhaftesten Opfern erkauft worden, so dass er schon nicht mehr als vorteilhaft bezeichnet werden kann. Wir warnen daher vor jedem Optimismus.

Wer hat die Toten gezählt, Hitler oder Goebbels – wohl keiner von beiden. Täglich fallen in Russland Tausende. Es ist die Zeit der Ernte, und der Schnitter fährt mit vollem Zug in die reife Saat. Die Trauer kehrt ein in die Hütten der Heimat und niemand ist da, der die Tränen der Mütter trocknet, Hitler aber belügt die, deren teuerstes Gut er geraubt und in den sinnlosen Tod getrieben hat.

Jedes Wort, das aus Hitlers Munde kommt, ist Lüge. Wenn er Frieden sagt, meint er den Krieg, und wenn er in

*frevelhaftester Weise den Namen des Allmächtigen nennt,
meint er die Macht des Bösen, den gefallenen Engel, den
Satan. Sein Mund ist der stinkende Rachen der Hölle, und
seine Macht ist im Grunde verworfen. Wohl muss man mit
rationalen Mitteln den Kampf wider den nationalsozialistischen Terrorstaat führen; wer aber heute noch an der
realen Existenz der dämonischen Mächte zweifelt, hat den
metaphysischen Hintergrund dieses Krieges bei weitem nicht
begriffen. Hinter dem Konkreten, hinter dem sinnlich Wahr-
nehmbaren, hinter allen sachlichen, logischen Überlegungen
steht das Irrationale, d.i. der Kampf wider den Dämon, wider
den Boten des Antichrists. Überall und zu allen Zeiten haben
die Dämonen im Dunkeln gelauert auf die Stunde, da der
Mensch schwach wird, da er seine ihm von Gott auf Freiheit
gegründete Stellung im ordo eigenmächtig verlässt, da er dem
Druck des Bösen nachgibt, sich von den Mächten höherer
Ordnung loslöst und so, nachdem er den ersten Schritt freiwillig getan, zum zweiten und dritten und immer mehr getrieben
wird mit rasend steigender Geschwindigkeit – überall und zu
allen Zeiten der höchsten Not sind Menschen aufgestanden,
Propheten, Heilige, die ihre Freiheit gewahrt hatten, die auf
den Einzigen Gott hinwiesen und mit seiner Hilfe das Volk
zur Umkehr mahnten. Wohl ist der Mensch frei, aber er ist
wehrlos wider das Böse ohne den wahren Gott, er ist wie ein
Schiff ohne Ruder, dem Sturme preisgegeben, wie ein Säugling
ohne Mutter, wie eine Wolke, die sich auflöst.*

*Gibt es, so frage ich Dich, der Du ein Christ bist, gibt es
in diesem Ringen um die Erhaltung Deiner höchsten Güter
ein Zögern, ein Spiel mit Intrigen, ein Hinausschieben der
Entscheidung in der Hoffnung, dass ein anderer die Waffe
erhebt, um Dich zu verteidigen? Hat Dir nicht Gott selbst die
Kraft und den Mut gegeben zu kämpfen?* Wir müssen das

Böse dort angreifen, wo es am mächtigsten ist, und es ist am mächtigsten in der Macht Hitlers.

„Ich wandte mich und sah an alles Unrecht, das geschah unter der Sonne; und siehe, da waren Tränen derer, so Unrecht litten und hatten keinen Tröster; und die ihnen Unrecht taten, waren so mächtig, dass sie keinen Tröster haben konnten.

Da lobte ich die Toten, die schon gestorben waren, mehr denn die Lebendigen, die noch das Leben hatten ..." (Sprüche)

Novalis: "Wahrhafte Anarchie ist das Zeugungselement der Religion. Aus der Vernichtung alles Positiven hebt sie ihr glorreiches Haupt als neue Weltstifterin empor ... Wenn Europa wieder erwachen wollte, wenn ein Staat der Staaten, eine politische Wissenschaftslehre bevorstände! Sollte etwa die Hierarchie ... das Prinzip des Staatenvereins sein? ... Es wird solange Blut über Europa strömen, bis die Nationen ihren fürchterlichen Wahnsinn gewahr werden, der sie im Kreis herumtreibt, und von heiliger Musik getroffen und besänftigt zu ehemaligen Altären in bunter Vermischung treten, Werke des Friedens vornehmen und ein großes Friedensfest auf den rauchenden Walstätten mit heißen Tränen gefeiert wird. Nur die Religion kann Europa wieder aufwecken und das Völkerrecht sichern und die Christenheit mit neuer Herrlichkeit sichtbar auf Erden in ihr friedenstiftendes Amt installieren."

Wir weisen ausdrücklich darauf hin, dass die Weiße Rose nicht im Solde einer ausländischen Macht steht. Obgleich wir wissen, dass die nationalsozialistische Macht militärisch gebrochen werden muss, suchen wir eine Erneuerung des schwer verwundeten deutschen Geistes von innen her zu erreichen. Diese Wiedergeburt muss aber die klare Erkenntnis aller Schuld, die das deutsche Volk auf sich geladen hat, und ein rücksichtsloser Kampf gegen Hitler und seine allzu vielen Helfershelfer, Parteimitglieder, Quislinge usw. vorausgehen. Mit aller Brutalität muss die Kluft zwischen dem besseren Teil des Volkes und allem, was mit dem Nationalsozialismus zusammenhängt, aufgerissen werden. Für Hitler und seine Anhänger gibt es auf dieser Erde keine Strafe, die ihren Taten gerecht wäre. Aus Liebe zu kommenden Generationen muss nach Beendigung des Krieges ein Exempel statuiert werden, dass niemand auch nur die geringste Lust je verspüren sollte, Ähnliches aufs Neue zu versuchen. Vergesst auch nicht die kleinen Schurken dieses Systems, merkt Euch die Namen, auf dass keiner entkomme! Es soll ihnen nicht gelingen, in letzter Minute noch die Fahne zu wechseln und so zu tun, als ob nichts gewesen wäre!

Zu Ihrer Beruhigung möchten wir noch hinzufügen, dass die Adressen der Leser der Weißen Rose nirgendwo schriftlich niedergelegt sind. Die Adressen sind willkürlich Adressbüchern entnommen.

Wir schweigen nicht, wir sind Euer böses Gewissen; die Weiße Rose lässt Euch keine Ruhe!

Bitte vervielfältigen und weitersenden!

[V.]

Flugblätter der Widerstandsbewegung in Deutschland

Aufruf an alle Deutsche!

Der Krieg geht seinem sicheren Ende entgegen. Wie im Jahre 1918 versucht die deutsche Regierung alle Aufmerksamkeit auf die wachsende U-Boot-Gefahr zu lenken, während im Osten die Armeen unaufhörlich zurückströmen, im Westen die Invasion erwartet wird. Die Rüstung Amerikas hat ihren Höhepunkt noch nicht erreicht, aber heute schon übertrifft sie alles in der Geschichte seither Dagewesene. Mit mathematischer Sicherheit führt Hitler das deutsche Volk in den Abgrund. Hitler kann den Krieg nicht gewinnen, nur noch verlängern! *Seine und seiner Helfer Schuld hat jedes Maß unendlich überschritten. Die gerechte Strafe rückt näher und näher!*

Was aber tut das deutsche Volk? Es sieht nicht und es hört nicht. Blindlings folgt es seinen Verführern ins Verderben. Sieg um jeden Preis! haben sie auf ihre Fahne geschrieben. Ich kämpfe bis zum letzten Mann, sagt Hitler – indes ist der Krieg bereits verloren.

Deutsche! Wollt Ihr und Eure Kinder dasselbe Schicksal erleiden, das den Juden widerfahren ist? Wollt Ihr mit dem gleichen Maße gemessen werden wie Eure Verführer? Sollen wir auf ewig das von aller Welt gehasste und ausgestoßene Volk sein? Nein! Darum trennt Euch von dem nationalsozialistischen Untermenschentum! Beweist durch die Tat, dass Ihr anders denkt! Ein neuer Befreiungskrieg bricht an. Der bessere Teil des Volkes kämpft auf unserer Seite. Zerreißt den Mantel der Gleichgültigkeit, den Ihr um Euer Herz gelegt! Entscheidet Euch, ehe es zu spät ist! Glaubt nicht der nationalsozialistischen Propaganda, die Euch den Bolschewistenschreck in die Glieder gejagt hat! Glaubt nicht, dass Deutschland mit dem Sieg des Nationalsozialismus auf Gedeih und Verderben verbunden sei! Ein Verbrechertum kann keinen deutschen Sieg erringen. Trennt Euch rechtzeitig von allem, was mit dem Nationalsozialismus zusammenhängt! Nachher wird ein schreckliches, aber gerechtes Gericht kommen über die, so sich feig und unentschlossen verborgen hielten.

Was lehrt uns der Ausgang dieses Krieges, der nie ein nationaler war?

Der imperialistische Machtgedanke muss, von welcher Seite er auch kommen möge, für alle Zeit unschädlich gemacht werden. Ein einseitiger preußischer Militarismus darf nie mehr zur Macht gelangen. Nur in großzügiger Zusammenarbeit der europäischen Völker kann der Boden geschaffen werden, auf welchem ein neuer Aufbau möglich sein wird. Jede zentralistische Gewalt, wie der preußische Staat in Deutschland und Europa auszuüben versucht hat, muss im Keime erstickt werden. Das kommende Deutschland kann nur föderalistisch sein. Nur eine gesunde föderalistische Staatenordnung vermag heute noch das geschwächte Europa mit neuem Leben zu erfüllen. Die Arbeiterschaft muss durch einen vernünftigen Sozialismus aus ihrem Zustand niedrigster Sklaverei befreit werden. Das Truggebilde der autarken Wirtschaft muss in Europa verschwinden. Jedes Volk, jeder einzelne hat ein Recht auf die Güter dieser Welt!

Freiheit der Rede, Freiheit des Bekenntnisses, Schutz des einzelnen Bürgers vor der Willkür verbrecherischer Gewaltstaaten, das sind die Grundlagen des neuen Europa.

Unterstützt die Widerstandsbewegung, verbreitet die Flugblätter!

[VI.]

Kommilitoninnen! Kommilitonen!

Erschüttert steht unser Volk vor dem Untergang der Männer von Stalingrad. Dreihundertdreissigtausend Männer hat die geniale Strategie des Weltkriegsgefreiten sinn- und verantwortungslos in Tod und Verderben gehetzt. Führer, wir danken dir!

Es gärt im deutschen Volk: Wollen wir weiter einem Dilettanten das Schicksal unserer Armeen anvertrauen? Wollen wir den niedrigsten Machtinstinkten einer Parteiclique den Rest unserer deutschen Jugend opfern? Nimmermehr! Der Tag der Abrechnung ist gekommen, der Abrechnung der deutschen Jugend mit der verabscheuungswürdigsten Tyrannis, die unser Volk je erduldet hat. Im Namen des ganzen deutschen Volkes fordern wir vom Staat Adolf Hitlers die persönliche Freiheit, das kostbarste Gut der Deutschen zurück, um das er uns in der erbärmlichsten Weise betrogen.

In einem Staat rücksichtsloser Knebelung jeder freien Meinungsäußerung sind wir aufgewachsen. HJ, SA und SS haben uns in den fruchtbarsten Bildungsjahren unseres Lebens zu uniformieren, zu revolutionieren, zu narkotisieren versucht. „Weltanschauliche Schulung" hieß die verächtliche Methode, das aufkeimende Selbstdenken und Selbstwerten in einem Nebel leerer Phrasen zu ersticken. Eine Führerauslese, wie sie teuflischer und zugleich bornierter nicht gedacht werden kann, zieht ihre künftigen Parteibonzen auf Ordensburgen zu gottlosen, schamlosen und gewissenlosen Ausbeutern und Mordbuben heran, zur blinden, stupiden Führergefolgschaft.

Wir „Arbeiter des Geistes" wären gerade recht, dieser neuen Herrenschicht den Knüppel zu machen. Frontkämpfer werden von Studentenführern und Gauleiteraspiranten wie Schulbuben gemaßregelt, Gauleiter greifen mit geilen Späßen den Studentinnen an die Ehre. Deutsche Studentinnen haben an der Münchener Hochschule auf die Besudelung ihrer Ehre eine würdige Antwort gegeben, deutsche Studenten haben sich für ihre Kameradinnen eingesetzt und standgehalten. Das ist ein Anfang zur Erkämpfung unserer freien Selbstbestimmung, ohne die geistige Werte nicht geschaffen werden können. Unser Dank gilt den tapferen Kameradinnen und Kameraden, die mit leuchtendem Beispiel vorangegangen sind!

Es gibt für uns nur eine Parole: Kampf gegen die Partei! Heraus aus den Parteigliederungen, in denen man uns politisch weiter mundtot halten will! Heraus aus den Hörsälen der SS-Unter- und Oberführer und Parteikriecher! Es geht uns um wahre Wissenschaft und echte Geistesfreiheit! Kein Drohmittel kann uns schrecken, auch nicht die Schließung unserer Hochschulen. Es gilt den Kampf jedes einzelnen von uns um unsere Zukunft, unsere Freiheit und Ehre in einem seiner sittlichen Verantwortung bewussten Staatswesen.

Freiheit und Ehre! Zehn lange Jahre haben Hitler und seine Genossen die beiden herrlichen deutschen Worte bis zum Ekel ausgequetscht, abgedroschen, verdreht, wie es nur Dilettanten vermögen, die die höchsten Werte einer Nation vor die Säue werfen. Was ihnen Freiheit und Ehre gilt, das haben sie in zehn Jahren der Zerstörung aller materiellen und geistigen Freiheit, aller sittlichen Substanz im deutschen Volk genugsam gezeigt. Auch dem dümmsten Deutschen hat das furchtbare Blutbad die Augen geöffnet, das sie im Namen von Freiheit und Ehre der deutschen Nation in ganz Europa angerichtet haben und täglich neu anrichten. Der deutsche Name bleibt für immer geschändet, wenn nicht die deutsche Jugend endlich aufsteht, rächt und sühnt zugleich, ihre Peiniger zerschmettert und ein neues geistiges Europa aufrichtet. Studentinnen! Studenten! Auf uns sieht das deutsche Volk! Von uns erwartet es, wie 1813 die Brechung des Napoleonischen, so 1943 die Brechung des nationalsozialistischen Terrors aus der Macht des Geistes. Beresina und Stalingrad flammen im Osten auf, die Toten von Stalingrad beschwören uns!

„Frisch auf mein Volk, die Flammenzeichen rauchen!"

Unser Volk steht im Aufbruch gegen die Verknechtung Europas durch den Nationalsozialismus, im neuen gläubigen Durchbruch von Freiheit und Ehre.

Die Verteidigungsrede
von Professor Huber[165]

*Als deutscher Staatsbürger, als deutscher Hochschullehrer
und als politischer Mensch erachte ich es als Recht nicht nur,
sondern als sittliche Pflicht, an der politischen Gestaltung
der deutschen Geschichte mitzuarbeiten und offenkundige
Schäden aufzudecken und zu bekämpfen. Ich glaube im
Namen all der jungen Akademiker, die hier angeklagt sind,
zu sprechen, wenn ich behaupte: Die Bekämpfung des inneren Bolschewismus, der im nationalsozialistischen Staat von
heute immer bedrohlicher sich ausbreitet, war das sittliche
Ziel unseres Handelns.*

*Ich bitte und beschwöre Sie in dieser Stunde, diesen jungen
Angeklagten gegenüber im wahren Wortsinne schöpferisch
Recht zu sprechen nicht ein Diktat der Macht, sondern die
klare Stimme des Gewissens sprechen zu lassen, die auf die
Gesinnung schaut, aus der die Tat hervorging, und diese
Gesinnung war wohl die uneigennützigste, idealste, die man
sich denken kann: Das Streben nach absoluter Rechtlichkeit,
Sauberkeit, Wahrhaftigkeit im Leben des Staates [...]*

---

165   *zit. nach Hirzel, S. 298 f.*

Ich habe die Überwindung dieser Tyrannis durch die Macht des Geistes verlangt. Durch die Macht des Geistes, nicht durch Gewalt! Das heißt: Durch die klare sittliche Einsicht, dass die heutige Anwendung der bloßen Macht, dass die Vernichtung von Hunderttausenden aus bloßen Machtinteressen, dass die Unterbindung jeder freien Meinungsäußerung, jeglicher gesunder Kritik mit der Würde eines Rechtsstaates wie eines Kulturvolkes unvereinbar ist. [...]

Ich fasse zusammen: Was ich bezweckte, war die Weckung der studentischen Kreise nicht durch eine Organisation, sondern durch das schlichte Wort; nicht zu irgendeinem Akt der Gewalt, sondern zur sittlichen Einsicht in bestehende schwere Schäden des politischen Lebens. Rückkehr zu klaren sittlichen Grundsätzen, zum Rechtsstaat, zu gegenseitigem Vertrauen von Mensch zu Mensch, das ist nicht illegal, sondern umgekehrt die Wiederherstellung der Legalität. Ich habe mich im Sinne von Kants Kategorischem Imperativ gefragt, was geschähe, wenn diese subjektive Maxime meines Handelns ein allgemeines Gesetz würde. Darauf kann es nur eine Antwort geben. Dann würde Ordnung, Sicherheit, Vertrauen in unser Staatswesen, in unser politisches Leben zurückkehren. Jeder sittlich Verantwortliche würde mit uns seine Stimme erheben gegen die drohende Herrschaft der bloßen Macht über das Recht, der bloßen Willkür über den Willen des sittlichen Guten. Wir würden im Einzelnen zu manchen Forderungen zurückkehren, die die Partei noch vor zehn Jahren mit Recht gestellt hat. Sie haben sich im Laufe dieser Jahre nicht nur nicht erfüllt, sondern in ihr Gegenteil verkehrt. Die Forderung der freien Selbstbestimmung auch des kleinsten Volksteils ist in ganz Europa vergewaltigt, nicht minder die Forderung der Wahrung der rassischen und

*völkischen Eigenart. Die grundlegende Forderung wahrer
Volksgemeinschaft ist durch die systematische Untergrabung
des Vertrauens von Mensch zu Mensch zunichte gemacht.
Es gibt kein furchtbareres Urteil über eine Volksgemeinschaft
als das Eingeständnis, das wir uns alle machen müssen, dass
keiner sich vor seinem Nachbarn, der Vater nicht mehr vor
seinen Söhnen sicher fühlt. –*

*Das war es, was ich wollte, musste. Es gibt für alle äußere
Legalität eine letzte Grenze, wo sie unwahrhaftig und
unsittlich wird. Dann nämlich, wenn sie zum Deckmantel
einer Feigheit wird, die sich nicht getraut, gegen offenkundige
Rechtsverletzung aufzutreten. Ein Staat, der jegliche freie
Meinungsäußerung und jede sittlich berechtigte Kritik, jeden
Verbesserungsvorschlag als „Vorbereitung zum Hochverrat"
unter die furchtbarsten Strafen stellt, bricht ein ungeschriebenes
deutsches, germanisches Recht, das „im gesunden Volksempfin-
den" noch immer lebendig war und lebendig bleiben muss […]*

*Ich habe das eine Ziel erreicht, diese Warnung und Mahnung
nicht in einem privaten, kleinen Diskutierklub, sondern an
verantwortlicher, an höchster richterlicher Stelle vorzubrin-
gen. Ich setze für diese Mahnung, für diese beschwörende
Bitte zur Rückkehr, mein Leben ein. Ich fordere die Freiheit
für unser deutsches Volk zurück. Wir wollen nicht an Skla-
venketten unser kurzes Leben dahinfristen, und wären es die
goldenen Ketten materiellen Überflusses.*

*Sie haben mir den Rang und die Rechte des Professors und
den „summa cum laude" erarbeiteten Doktorhut genommen
und mich mit dem niedrigsten Verbrecher gleichgestellt. Die
innere Würde des Hochschullehrers, des offenen, mutigen
Bekenners seiner Welt- und Staatsanschauung, kann mir kein
Hochverratsverfahren rauben. Mein Handeln und Wollen*

wird der eherne Gang der Geschichte rechtfertigen, darauf vertraue ich felsenfest. Ich hoffe zu Gott, dass die geistigen Kräfte, die es rechtfertigen, rechtzeitig aus meinem eigenen Volke sich entbinden mögen. Ich habe gehandelt, wie ich aus einer inneren Stimme heraus handeln musste. Ich nehme die Folgen auf mich nach dem schönen Wort Johann Gottlieb Fichtes:

> Und handeln sollst du so,
> Als hinge von dir und deinem Tun allein
> Das Schicksal ab der deutschen Dinge
> Und die Verantwortung wär' dein.